普通高等学校武术与民族传统体育专业适用

武术与民族传统体育专业课程思政教学指南

郭玉成　丁丽萍　主编

人民体育出版社

图书在版编目（CIP）数据

武术与民族传统体育专业课程思政教学指南 / 郭玉成，丁丽萍主编. -- 北京 ：人民体育出版社，2021（2022.7重印）
ISBN 978-7-5009-6094-2

Ⅰ. ①武… Ⅱ. ①郭… ②丁… Ⅲ. ①高等学校-思想政治教育-教学研究-中国 Ⅳ. ①G641

中国版本图书馆 CIP 数据核字(2021)第 209648 号

*

人 民 体 育 出 版 社 出 版 发 行
国 铁 印 务 有 限 公 司 印 刷
新 华 书 店 经 销

*

710×1000 16 开本 8.5 印张 142 千字
2021 年 12 月第 1 版 2022 年 7 月第 2 次印刷

*

ISBN 978-7-5009-6094-2
定价：42.00 元

社址：北京市东城区体育馆路 8 号（天坛公园东门）
电话：67151482（发行部） 邮编：100061
传真：67151483 邮购：67118491
网址：www. sportspublish. cn

编写单位

主编单位： 上海体育学院

国家级一流本科专业（武术与民族传统体育专业）建设点

全国普通高校中华优秀传统文化传承基地（武术）

中国体育科学学会武术与民族传统体育分会

全国学校体育联盟（中华武术）

编委单位： 集美大学　　南京师范大学

山东师范大学　　河北师范大学

山西师范大学　　湖北民族大学

广州体育学院　　哈尔滨体育学院

编 委 会

前 言

2016 年 12 月 7 日，习近平总书记在全国高校思想政治工作会议上提出：“要用好课堂教学这个主渠道，思想政治理论课要坚持在改进中加强……其他各门课都要守好一段渠、种好责任田，使各类课程与思想政治理论课同向同行，形成协同效应。”随后，中共中央、国务院印发《关于加强和改进新形势下高校思想政治工作的意见》，首次明确提出“三全育人”的要求；中共中央办公厅、国务院办公厅在《关于深化教育体制机制改革的意见》中进一步提出“课程思政”理念。之后，习近平总书记在全国教育大会上强调，“要把立德树人融入思想道德教育、文化知识教育、社会实践教育各环节”。2020 年 5 月，教育部印发《高等学校课程思政建设指导纲要》，吹响了“全面推进高校课程思政建设”的号角。

上海体育学院作为中华人民共和国成立后最早创建的体育高等学府，其武术与民族传统体育专业具有优良的学科基础和深厚的历史底蕴。为进一步贯彻落实“课程思政”教育改革理念，发挥示范引领作用，我们通过调查、研究、实践，对武术与民族传统体育专业进行“课程思政”体系化教学探索，并在“三全育人”思想指导下，启动建设武术思政金课《中华武德》和创编校园大师剧《蔡龙云》等，取得了系列成果。作为上海市教育系统重点扶持的“向大师致敬——大师系列校园剧”项目，校园大师剧《蔡龙云》充分展现了中华武术精神，成为上海体育学院思政教育的新课堂，受到媒体和社会广泛关注。

2020 年，我院《武术》课程入选教育部首批国家级一流本科课程，“武术与民族传统体育专业”入选首批国家级一流本科专业建设点，《中国武术与国家形象》获教育部第八届高等学校科学研究优秀成果著作奖（人文社会科学），《中华武术通史研究与编纂》获批国家社会科学基金重大项目，我院也被教育部选为全国普通高校中华优秀传统文化（武术）传承基地。这些成绩既是武术与民族传统体育专业课程思政的典型案例，也是我们进一步做好本专业课程思政指南的重要基础。

为了更好地总结经验，服务于全国武术与民族传统体育专业课程思政教学改革，我院组织编写了通用参考书——《武术与民族传统体育专业课程思政教学指南》。本书分为三章。第一章主要介绍武术与民族传统体育专业课程思政实施背景；第二章着重阐述武术与民族传统体育专业课程思政的基本理念、培养目标、框架体系、教学实施、教学评价、教学管理等内容；第三章具体介绍武术与民族传统体育专业课程思政的教学设计，主要包含《中华武德》《中国武术史》《民族传统体育概论》《武术套路专项教学训练理论与实践》《武术》《社会实践》（武术）等13门课程。

武术与民族传统体育专业课程思政建设目前尚处于探索阶段，本书作为理论与实践工作的阶段性总结，希望可为全国高校武术与民族传统体育专业及武术教学相关专业的课程思政建设与课程教学改革提供帮助。欢迎广大读者提出建设性意见，以共同推动武术与民族传统体育专业课程思政建设不断向前发展。

郭玉成

2021年2月25日

目 录

第一章　武术与民族传统体育专业课程思政实施背景 …………………… 1

第二章　武术与民族传统体育专业课程思政实施体系 …………………… 6

第一节　武术与民族传统体育专业课程思政基本理念 ………………………… 6

第二节　武术与民族传统体育专业课程思政培养目标 ………………………… 9

第三节　武术与民族传统体育专业课程思政框架体系 ……………………… 13

第四节　武术与民族传统体育专业课程思政教学实施 ……………………… 17

第五节　武术与民族传统体育专业课程思政教学评价 ……………………… 24

第六节　武术与民族传统体育专业课程思政教学管理 ……………………… 26

第三章　武术与民族传统体育专业课程思政教学设计 …………………… 29

第一节　《中华武德》课程思政教学设计 ………………………………………… 29

第二节　《中国武术导论》课程思政教学设计 …………………………………… 34

第三节　《中国武术史》课程思政教学设计 ……………………………………… 42

第四节　《民族传统体育概论》课程思政教学设计 ……………………………… 49

第五节　《武术套路专项教学训练理论与实践》课程思政教学设计 ……… 53

第六节　《武术散打专项教学训练理论与实践》课程思政教学设计 ……… 61

第七节 《武术养生专项教学训练理论与实践》课程思政教学设计 ……… 69
第八节 《武术》课程思政教学设计 …………………………………… 75
第九节 《太极养生》课程思政教学设计 ……………………………… 83
第十节 《少林拳》课程思政教学设计 ………………………………… 87
第十一节 《南派棍术》课程思政教学设计 …………………………… 95
第十二节 《中华射艺》课程思政教学设计…………………………… 100
第十三节 《社会实践》（武术）课程思政教学设计 ………………… 106

参考文献 ………………………………………………………………… 118

第一章　武术与民族传统体育专业课程思政实施背景

党的十八大以来，以习近平同志为核心的党中央高度重视高校思想政治工作。习近平总书记发表一系列重要讲话、提出一系列明确要求，深入回答了高校思想政治工作的方向性、根本性问题。其中，将课程思政建设提升到解决“培养什么人、怎样培养人、为谁培养人”根本问题和落实“立德树人”根本任务的崭新高度。

2016 年 12 月，习近平总书记在全国高校思想政治工作会议上强调指出：“思想政治理论课要坚持在改进中加强……其他各门课都要守好一段渠、种好责任田，使各类课程与思想政治理论课同向同行，形成协同效应。[①]” 2017 年 2 月，中共中央、国务院印发《关于加强和改进新形势下高校思想政治工作的意见》，强调要“坚持全员全过程全方位育人，把思想价值引领贯穿教育教学全过程和各环节，形成教书育人、科研育人、实践育人、管理育人、服务育人、文化育人、组织育人长效机制[②]”。2018 年 9 月，习近平总书记在全国教育大会上再次强调：“要把立德树人融入思想道德教育、文化知识教育、社会实践教育各环节。[③]” 2019 年 9 月，教育部出台《关于深化本科教育教学改革全面提高人才培养质量的意见》（教高〔2019〕6 号），提出：“把课程思政建设作为落实立德树人根本任务的关键环节。[④]” 2020 年 5 月，教育部颁布《高等学校课程思政建设指导纲

① 习近平. 把思想政治工作贯穿教育教学全过程，开创我国高等教育事业发展新局面［N］. 人民日报，2016－12－09（1）.

② 中共中央、国务院印发《关于加强和改进新形势下高校思想政治工作的意见》［EB/OL］.［2019－08－14］. http：//www. gov. cn/xinwen/2017－02/27/content_ 5182502. htm.

③ 习近平出席全国教育大会并发表重要讲话［EB/OL］.［2018－09－17］. http：//www. gov. cn/xinwen/2018－09/10/content_ 5320835. htm.

④ 教育部关于深化本科教育教学改革全面提高人才培养质量的意见［EB/OL］.［2019－09－29］. http：//www. moe. gov. cn/srcsite/A08/s7056/201910/t20191011_ 402759. html.

要》，指出，课程思政建设要在所有高校、所有学科专业全面推进①。至此，“全面推进高校课程思政建设”工作全面展开。

武术与民族传统体育专业课程思政建设，是发挥本专业独特育人价值与作用的重要手段。课程思政强调要将高校思想政治教育融入各类课程教学和改革的各环节、各方面，实现立德树人、润物无声②。在此理念引领下，武术与民族传统体育专业课程思政建设，不仅要树立健康第一的教育理念，帮助学生在教学实践中享受乐趣、增强体质、健全人格、锤炼意志，还要将价值塑造、知识传递、能力培养相统一，融入教学全过程，在专业领域着力培养有理想、有本领、有担当的德智体美劳全面发展的社会主义建设者和接班人。武术与民族传统体育专业课程思政建设具有重要的实践意义和现实价值，其实施背景主要体现在如下方面。

一、为党育人为国育才，建设社会主义强国

“教育是国之大计、党之大计”是习近平总书记站在我国历史发展新方位，对教育与党长期执政、国家长治久安关系提出的原创性重要论断③。高等教育发展水平是一个国家发展水平和发展潜力的重要标志④。培养什么人，是教育的首要问题。我国是中国共产党领导的社会主义国家，决定了现代教育的任务即培养德智体美劳全面发展的社会主义建设者和接班人⑤。因此，高等教育发展必须契合国家大政方针，满足于人民发展、社会建设、国家治理的需要。“为党育人，为国育才”既是对“为谁培养人、培养什么人”这一根本问题的深刻回答，同时也为新时代教育发展指明方向，成为新时代高等教育现代化发展的首要逻辑⑥。

党的十八大以来，面对世界百年未有之大变局，着眼于实现中华民族伟大复

---

① 教育部关于印发《高等学校课程思政建设指导纲要》的通知［EB/OL］.［2020－05－28］. http：//www. moe. gov. cn/srcsite/A08/s7056/202006/t20200603_ 462437. html.

② 中共中央组织部. 贯彻落实习近平新时代中国特色社会主义思想在改革发展稳定中攻坚克难案例——社会建设［M］. 北京：党建读物出版社，2019：61.

③ 杨晓慧. 深入理解“教育是国之大计、党之大计”重要论断［J］. 中国高等教育，2020（22）：12－14.

④ 习近平. 在北京大学师生座谈会上的讲话［J］. 中国高等教育，2018（9）：4－6.

⑤ 习近平出席全国教育大会并发表重要讲话［EB/OL］.［2018－09－17］. http：//www. gov. cn/xinwen/2018－09/10/content_ 5320835. htm.

⑥ 陈亮，石定芳. 新时代高等教育现代化的政策逻辑与实践路径［J］. 高校教育管理，2021，15（1）：97－106.

兴的大局，党和国家把高等教育地位提升到新的高度[①]。党的十九大报告提出，“建设教育强国是中华民族伟大复兴的基础工程”[②]，进一步把教育与建设社会主义现代化强国联系在一起。当前，我国已全面开启建设社会主义现代化强国的新征程。基于此，武术与民族传统体育专业课程思政需要围绕政治认同、家国情怀、文化素养、宪法法治意识、道德修养等各个方面提供教学资源供给，为坚定学生建设社会主义现代化强国的理想信念提供精神指引。

二、以立德树人为根本，深化教育教学改革

“坚持党对教育事业的全面领导，坚持把立德树人作为根本任务，坚持优先发展教育事业，坚持社会主义办学方向，坚持扎根中国大地办教育，坚持以人民为中心发展教育，坚持深化教育改革创新，坚持把服务中华民族伟大复兴作为教育的重要使命。[③]”这是习近平总书记站在发展中国特色社会主义、实现中华民族伟大复兴的战略高度，对新时代教育改革提出的新思路、新理念，不仅指明教育发展的办学方向，同时也指出立德树人作为高等学校立身之本的重要性。

立德树人作为一种综合教育理念，是对我国数千年来教育传统的创造性继承与创新性发展，是对中国共产党百年来思想道德建设和中华人民共和国成立以来教育改革发展经验的高度凝练和系统总结[④]。当前，“课程思政”成为新时代教育领域实现“立德树人”根本任务的重要抓手和着力点，也是课程与教学领域开展综合改革的重点方向和指南[⑤]。由此就要求武术与民族传统体育课程思政，一方面要用好课堂主渠道，多措并举地将思想政治教育融入专业教育，实现育人与育才相统一；另一方面必须以立德树人为根本，统筹课程思政各项工作开展，

---

① 刘国瑞．中国共产党高等教育思想的发展逻辑与历史贡献——基于党执政以来的理论发展与政策实践的研究［J］．中国高教研究，2021（5）：11－21．

② 习近平：决胜全面建成小康社会 夺取新时代中国特色社会主义伟大胜利——在中国共产党第十九次全国代表大会上的报告［EB/OL］．［2017－10－27］．http：//www.gov.cn/zhuanti/2017－10/27/content_5234876.htm．

③ 人民论坛“特别策划组”．深入研读习近平总书记关于教育的重要论述［J］．人民论坛，2019（6）：6．

④ 韩丽颖．立德树人：生成逻辑·精神实质·实践进路［J］．东北师大学报：哲学社会科学版，2016（6）：201－208．

⑤ 赵富学，黄桂昇，李程示英，等．“立德树人”视域下体育课程思政建设的学理释析及践行诉求［J］．体育学研究，2020，34（5）：48－54．

构建全课程和全过程的课程思政内容体系，实现课程育人的全课程覆盖[①]。

三、提高思政教育能力，践行教书育人使命

教师作为教育活动的重要依托，是履行教育职责的先行者、实践者，也是教学组织的主导者、管理者。在全面推进高等教育现代化建设的新时代背景下，教师队伍的建设和打造成为落实立德树人中心任务和全员育人教育方案的基础和前提[②]。专业课教师不仅要掌握丰富的专业知识和超高的专业技能，同时还要具备较高的道德意识和道德修养，更好地把握课程知识背后蕴含的社会价值，实现以德育人、以文化人。习近平总书记多次强调教师是立教之本、兴教之源，提出“办好思想政治理论课关键在发挥教师的积极性、主动性、创造性”[③]。在此背景下，践行教书育人使命，必须提高思政教育能力。

教育的本质是培养人，既要引人以大道，启人以大智，也要树人以大爱，立人以大德。因此，教书育人、立德树人成为教师使命和职责。教师不仅要尽好传递知识、教授技能的职责，更重要的是履行育人使命。由此，武术与民族传统体育专业教师必须要处理好课程中“知”与“德”的辩证关系，既要提高教学方法与技巧，更要挖掘整理课程思政元素与资源[④]，有意识地将政治认同、家国情怀、宪法法治意识等同专业教学中的规则规范、武德精神、公平公正等内容结合起来，贯穿教育教学全过程，不断为武术与民族传统体育专业课程思政建设助力赋能。

四、贯彻课程思政理念，促进人的全面发展

“课程承载思政、思政寓于课程”，注重在思政教育和价值传播中蕴含知识

---

① 石定芳，廖婧茜．新时代高校课程思政建设的本真、阻碍与进路［J］．现代教育管理，2021（4）：38－44．

② 王天民，闫智敏．思政课程与课程思政协同运行：理据、契机与对策［J］．教育与教学研究，2020，34（6）：39－47．

③ 张烁．用新时代中国特色社会主义思想铸魂育人　贯彻党的教育方针落实立德树人根本任务［N］．人民日报，2019－03－19（1）．

④ 李在军，刘美，赵野田．课程育人：高校体育类专业课程思政特征、难点及应对策略［J］．沈阳体育学院学报，2021，40（3）：18－24，32．

底蕴，同时在知识传播中强调价值的导向作用[①]，是课程思政理念的重要内涵。我国是一个崇尚道德的国家，道德的尽善尽美是个人及社会追求的终极目的[②]。因此，德育在我国教育教学中一直备受关注。课程思政不仅开阔以德育人的视野，拓宽思政育人的渠道，还要将修身立德贯穿于求知过程，促进“求知”与“立德”相统一，促使思政育人更具深刻性、专业教学更具德育性。因此，落实立德树人任务，必须贯彻课程思政理念。

新时代教育改革提出培养“德智体美劳全面发展的社会主义建设者和接班人”，即是站在追求人的全面发展的高度作出的价值理性判断。当前，在高校传统教学模式中，时有知识技能教学与思政育人相分离、育人与育才相脱节的现象。作为与德智体美劳深具内在关联的武术与民族传统体育本身，其课程思政建设应进一步以立德为引领，贯通并举，让学生自然浸润于德智体美劳五育之中，实现人的全面发展。

---

① 王海威，王伯承．论高校课程思政的核心要义与实践路径［J］．学校党建与思想教育，2018（14）：32－34．

② 卞敏．中华民族精神研究［M］．北京：光明日报出版社，2008：59．

第二章 武术与民族传统体育专业课程思政实施体系

武术与民族传统体育作为中华传统文化的重要载体，承载着民族文化传承、传播与弘扬的历史使命。自1997年国务院学位委员会和国家教委将民族传统体育学设置为体育学二级学科以来，民族传统体育学按照学科建设规定，逐步建立起民族传统体育学的课程教学体系、人才培养体系和科研学术体系，在推动中华优秀传统文化的挖掘、整理、传承和发展等方面发挥了重要作用，在树立中华民族发展的道路自信、理论自信、制度自信、文化自信等方面作出了贡献①。

在中国特色社会主义新时代，民族传统体育学应继续坚持以优秀传统文化的挖掘、传承与弘扬为主线，以服务教育强国、文化强国、体育强国、健康中国建设为旨向，在专业人才培养目标和课程内容体系建设中，突出中华优秀传统文化与中华武术的教化功能和育人价值，培育学生家国情怀和敬业精神，提升学生的民族文化自觉意识，肩负起服务中华民族伟大复兴的重要使命。因此，编制武术与民族传统体育专业课程思政教学指南，用于指导武术与民族传统体育专业教学，并为相关专业教学提供参考，显得尤为重要。

第一节　武术与民族传统体育专业课程思政基本理念

一、践行“三全育人”教育理念，落实“立德树人”根本任务

高等院校肩负着为国家培养德智体美劳全面发展的建设者和接班人的重任，

① 白晋湘，万义．中国特色社会主义新时代民族传统体育学科的建设研究［J］．体育科学，2018（10）：15.

加强思想道德建设，引导学生树立正确的世界观、人生观和价值观，既是培养社会主义建设者和接班人的必然要求，更是教育教学人本回归的现实举措。因此，武术与民族传统体育专业要适应新时代社会需要，应围绕“立德树人”的根本任务，坚持为党育人、为国育才，以弘扬中华民族传统体育文化和服务大众健康为现实使命，在培养目标、课程体系、教学内容、师资队伍、专业设施，以及管理等方面加强专业内涵建设，把创新专业人才培养机制，培育科学精神、创新思维和能力、服务社会意识和责任贯穿于专业发展和教育教学的全过程，从而实现全员育人、全过程育人、全方位育人。

践行“三全育人”要注重顶层设计，构建以专业培养目标与课程思政素养为核心的课程体系。武术与民族传统体育专业人才培养目标首先应基于体育学一级学科进行设计，以培养方案为抓手，通过不同模块课程组合，既遵循共性也凸显个性，构成二级专业的课程思政教学体系。同时要以培养目标中的思政要素为牵引，将专业培养目标、毕业要求、课程体系、课程建设与评估、人才培养、质量评估、师资队伍、支撑条件等要素有机整合起来，建构毕业要求中的思政目标，全面指导课程体系建设、课程建设与人才培养质量评估。

践行“三全育人”要形成评价体系，构建以专业培养目标与课程思政核心素养为指标的教学评价体系。课程思政要科学地在“立德树人”教育实践中贯彻实施并收到应有的效果，就需要构建具有前瞻性和客观性、刚性指标与柔性指标、教与学相结合的评价体系。教师评价可以从教材内容与知识点的体现、教学方法与设计、学生获得感与行为实践效果的过程性评价和终结性评价等方面进行考察。学生评价则以武术与民族传统体育专业核心素养的内涵与表现水平、学业质量标准等为依据，通过过程性评价与终结性评价相结合、定量评价与定性评价相结合的方式，检测学生的认知水平、价值判断能力、实践能力等。总之，对于武术与民族传统体育专业课程思政的教学评价既要有原则性遵循，又要有专业化特点。

二、立足课堂，坚持“知识传授与价值引领相结合”

课程承载的不仅是知识、技能，更是思想及其背后传递的价值观、人生观与世界观。《高等学校课程思政建设指导纲要》指出，“落实立德树人根本任务，必须将价值塑造、知识传授和能力培养三者融为一体，不可割裂”①，“高校教师的80%是专业教师，课程的80%是专业课程，学生学习时间的80%用于专业学习”②，因此，“高校要明确所有课程的育人要素和责任，推动每一位专业课老师制定开展‘课程思政’教学设计，做到课程门门有思政，教师人人讲育人”③。

课程思政的实践过程其实是教师与学生双方主体的互动过程，而国内外的社会思潮、问题热点与焦点等，都有可能对教师、学生产生一定的影响，进而影响到课程思政的实施效果和专业人才的培养成效。因此，坚持知识传授与价值引领相结合，每一位教师首先应增强政治自觉、思想自觉和行动自觉，深刻认识专业课程不仅要“授业”，更要注重“传道”。以思政观引领课程及其教学方法改革，强化育人意识、找准育人角度、提升育人能力，探索武术与民族传统体育专业课程思政教学的新思路、新方法，从而使知识传授更有温度、思想引领更有力度、立德树人更有效度。

坚持知识传授与价值引领相结合，需要教师拥有广博的知识储备、扎实的专业基础和积极的主观能动性。武术与民族传统体育专业课程中所蕴含的思政要素很多，但仍有大部分是隐性与零散的，这就需要教师去深入挖掘专业课程中的思政要素，并以超越专业课程本身发展的视角去审视，建构起武术与民族传统体育专业课程思政的教学体系和教学内容。在教学过程的设计中，深入研究课程教学内容中知识、技能与思政要素之间的合理关联，梳理脉络、找准切入点，按照专业课程教学的逻辑理路，以思政要素为人才培养点，以专业课程知识、技能为主线索，构建“思政要素—课程知识技能”点线融合、全面铺开的武术与民族传统体育专业课程思政人才培养体系。

---

① 教育部关于印发《高等学校课程思政建设指导纲要》的通知［EB/OL］.［2020-06-01］. http://www.moe.gov.cn/srcsite/A08/s7056/202006/t20200603_462437.html.

② 关于印发教育部高等教育司2018年工作要点的通知［EB/OL］.［2018-03-06］. http://www.moe.gov.cn/s78/A08/tongzhi/201803/t20180327_331335.html.

③ 陈宝生. 在新时代全国高等学校本科教育工作会议上的讲话［J］. 中国高等教育，2018（Z3）：7.

第二节　武术与民族传统体育专业课程思政培养目标

一、总体目标

武术与民族传统体育专业人才培养目标是以《高等学校体育学类本科专业教学质量国家标准》人才培养要求，以及武术与民族传统体育专业具体培养目标为依据制定的，主要包含 5 个要素：①培养德智体美劳全面发展，具有较好的科学、文化素养和高度的社会责任感；②具备现代教育、健康理念，系统掌握体育学基本理论、基本技能、基本方法及本专业理论知识与技能，掌握武术、传统体育养生与民族民间体育专项教学、训练、竞赛和管理的理论与方法；③具有创新精神和实践能力；④具备一定的体育科学研究能力；⑤具有良好的专业素养和传承、推广及创新中华民族传统体育文化的能力，能胜任本专业教学训练、格斗方式和大众健身养生服务等方面工作的综合应用型人才[①]。

因此，武术与民族传统体育专业课程思政的培养目标应在养成“专业核心素养”和践行“社会主义核心价值观”两个维度进行融通，具体为：围绕立德树人根本任务，面向新时代国家发展战略需求，培养具有坚定的国家认同和家国情怀，以传承和弘扬中国优秀传统体育文化为己任；具有扎实的专业水平，良好的职业素养，较强的创新精神和实践能力；具有强烈的社会责任感和团队协作精神，德智体美劳全面发展的武术与民族传统体育专业人才。

二、具体目标

根据武术与民族传统体育专业课程思政培养的总目标，可分解为 6 个维度的一级指标和 18 个二级指标体系（表 1）。

① 教育部高等学校教学指导委员会．普通高等学校本科专业类教学质量国家标准：上［M］．北京：高等教育出版社，2018：77－78．

表1　武术与民族传统体育专业课程思政二级目标点

一级指标	具体描述	二级指标及其内涵描述
1. 家国情怀	以专业理论课程和实践课程，紧密配合思政课程学习，激发学生强烈的爱国情怀，强化国家认同；培养从专业角度认识、坚守、维护我国政治制度和法律制度，践行社会主义核心价值观的意识和能力	1.1 国家认同：以武术与民族传统体育专业知识理论为基础，能从中华民族多元一体的视野认识我国民族传统体育的特点及价值；认同新时代中国特色社会主义价值观，以及中华民族传统体育文化精神；从专业的角度自觉维护国家主权
		1.2 文化传承：具有对中华民族传统体育项目的认同感和自豪感，具备掌握、传承、发展和创新中华民族传统体育的使命感与责任感
		1.3 理想信念：能从武术与民族传统体育专业角度深入认识“健康中国”、“一带一路”倡议、“生态文明建设”等党和国家的重大决策，树立以扎实的专业学识和专业技能服务中华民族伟大复兴中国梦的理想信念
		1.4 法治意识：具有宪法法治意识，能辨识专业知识领域的法治精神，并能从法律角度认识专业知识，恪守武德、遵守规则、加强自律，能自觉维护中华武术与民族传统体育形象
2. 学科素养	掌握体育学及武术与民族传统体育专业基础理论和实践知识，在专业素养上做到文武兼备、德技兼修；通过专业学习，树立对武术与民族传统体育专业的认同感和社会责任感，树立对武术与民族传统体	2.1 专业知识和能力：掌握武术与民族传统体育学专业理论知识体系、技术与方法，了解民族传统体育学科核心素养的内涵，以及民族传统体育学科与社会实践的联系
		2.2 相关学科知识：掌握教育学、心理学、运动人体科学等相关学科知识，整合形成体育学科知识体系，能够初步运用并指导武术与民族传统体育专业实践

（续表）

一级指标	具体描述	二级指标及其内涵描述
2. 学科素养	育专业的崇敬；养成坚守科学诚信，具备细致严谨、勇于探索、敢于创新的精神	2.3 专业技能与应用：“一专多能”，掌握良好的专项技能，具备组织专项竞赛的能力；掌握其他体育运动项目或常见运动方式的基本技能和基本教法，能够组织开展相关的体育活动；能够主动运用专业技能和知识服务社会
		2.4 科学研究与探索创新精神：培养进行科学研究的能力，形成科学道德和严谨的品质，攀登学科研究高峰的勇气和毅力；具备基于武术与民族传统体育专业知识和技能，勇于探索、创新，服务社会、国家需求的意识和能力
3. 职业素养	形成坚定的职业认同，严守职业规范，践行职业诚信；培养敬业精神，拥有正确的价值观、积极的情感、端正的态度，富有爱心、责任心、事业心；具备人文素养和科学精神，以及终身学习的意识和能力	3.1 职业认同：理解相关职业（教师/教练/社会健身指导员等）的意义和内涵，具有坚定的职业认同和信念，具备正确的人生观和价值观
		3.2 敬业精神：系统了解并自觉遵守职业规范和相关法律法规政策，富有爱心、责任心和事业心，能够钻研业务，并运用自己所学的专业和特长在职业岗位中发挥价值和作用
		3.3 终身学习：具备职业理想、终身学习和自觉进行专业发展的能力，能够根据时代需求结合职业特点，制定终身学习和职业发展规划

（续表）

一级指标	具体描述	二级指标及其内涵描述
4. 教学能力	掌握现代教育、体育与健康科学基本理念、理论知识与方法，能够整合并初步运用上位学科及跨学科知识形成专业教学知识；具备体育学科教学基本技能，以及专业学习的指导方法和策略，能够根据不同人群身心特点和认知特点实施教学的能力；能够进行基本的教学设计、反思和评价，并获得积极体验	4.1“以武育人”的意识与知识：具有体育学科和民族传统体育学科育人的意识，能够充分认识体育学科和民族传统体育学科中蕴含的育人价值；掌握专项教学、训练规律，能够科学合理地安排教学和训练活动
		4.2“以武育人”的教学能力：掌握体育教学、训练的基本原理、策略和方法，具备开展体育项目和专项教学实践的技能水平；能够在技术实践、体育活动和竞赛中培养学生的健全人格，引导学生形成健康文明的生活方式
		4.3“以武育人”的教学实践：能在专项教学实践中将知识学习、体能提升、运动技能的形成和发展与体育品德、中华武德养成相结合，具有运用民族传统体育项目特点和文化育人的初步体验
5. 反思能力	具备通过专业课程学习进行专业技术和理论知识提升的反思能力；通过理论联系实践的系统反思，持续夯实专业认同、国家认同、家国情怀	5.1 专业学习反思：具备在专业理论学习和实践训练过程中开展反思的习惯，即学会基于质疑、求证、判断进行反思的方法和技能；能够积极主动了解本专业改革发展的趋势和前沿动态，形成反思意识和解决问题的能力
		5.2 社会服务反思：形成对日常生活与国家发展相关的武术与民族传统体育专业需求开展反思的习惯，具备问题意识和创新精神，并积极实践，在毕业论文和实习中获得积极体验

（续表）

一级指标	具体描述	二级指标及其内涵描述
6. 沟通合作	理解学习共同体和发展共同体的作用，具有团队协作精神和沟通合作能力，具备团队领导力或为团队服务的奉献精神	6.1 沟通合作意识：理解学习共同体和发展共同体的作用，以及交流合作对专业和职业发展的重要意义
		6.2 沟通合作能力：掌握团队协作和沟通交流的基本策略和方法，能够有意识地进行有效沟通和交流，理解团队合作的本质是共同奉献、共同发展
		6.3 沟通合作实践：在学习实践、教学实践、竞赛实践、科研实践、创新实践等系列活动中获得团队合作的体验，能够应对和解决在团队合作中出现的问题

第三节　武术与民族传统体育专业课程思政框架体系

基于武术与民族传统体育专业课程思政培养的总体目标，在课程体系中，各类课程应根据教学目标、教学内容和教学评估，确定对人才培养思政元素的支撑度，可划分为高（H）、中（M）、低（L）三个支撑水平（表2）。

表2　专业课程对课程思政教学目标达成度评价表①

水平指标	课程思政指标达成度
高支撑度（H）	1. 教学目标包含毕业要求中所有的课程思政一级指标 2. 教学内容中80%以上的教学环节包含对应课程思政一级指标 3. 教学考核（平时+期末）对应课程思政一级指标体系的评价达到15%
中支撑度（M）	1. 教学目标包含4个及以上毕业要求中的课程思政一级指标 2. 教学内容中60%以上的教学环节包含对应课程思政一级指标 3. 教学考核（平时+期末）对应课程思政一级指标体系的评价达到10%

① 译见周立旻、郑祥民主编，华东师范大学印发的《地理学类课程思政教学指南》。

（续表）

水平指标	课程思政指标达成度
低支撑度（L）	1. 教学目标包含1个及以上毕业要求中的课程思政一级指标 2. 教学内容中30%以上的教学环节包含对应课程思政一级指标 3. 教学考核（平时+期末）对应课程思政一级指标体系的评价达到5%

根据教育部《普通高等学校本科专业类教学质量国家标准》，体育学类武术与民族传统体育专业课程体系应该包含通识教育课程、专业教育课程、实践课程三类。

通识教育课程由公共必修课程和公共选修课程构成，公共必修课程包括思想政治理论课程、创新创业教育课程、军事理论与训练、大学英语、计算机应用基础等教育部有关文件要求的必修课程，以及学校根据自身特点、彰显学校特色而开设的通识教育课程。公共选修课程可根据学校自身实际，开设人文社会科学、自然科学领域等相关课程①。

专业教育课程包含专业类基础课程（学科基础课程）、专业核心课程（专业素养必修课程）、专业拓展课程（专业素养选修课程）。专业类基础课程是专业必修课程，是体育学类本科专业均须开设的课程，包括体育概论、运动解剖学、运动生理学、体育心理学、体育社会学、健康教育学、体育科学研究方法7门课程，武术与民族传统体育专业根据本专业培养目标，新增加一门中华武德课程，作为本专业的基础素养课程。专业核心课程采用“3+X”模式，其中“3”是指专业最核心的3门课程，武术与民族传统体育专业为民族传统体育概论、中国武术导论、中国传统养生理论；“X”是指根据各专业的培养目标而设立的专业课程，对开设课程的门数和学分不做具体规定，武术与民族传统体育专业一般会开设中国武术史、专项教学训练理论与实践等课程。专业拓展课程属选修类课程，可根据体育学类国家标准推荐的3个课程模块（除去已列入必修的课程）进行选择；武术与民族传统体育专业会根据社会需求在这一板块开设不同方向的课程供学生自主选择②。

实践课程包括社会实践、专业实践、创新创业实践、科研训练等课程。社会

① 教育部高等学校教学指导委员会. 普通高等学校本科专业类教学质量国家标准：上［M］. 北京：高等教育出版社，2018：79.

② 教育部高等学校教学指导委员会. 普通高等学校本科专业类教学质量国家标准：上［M］. 北京：高等教育出版社，2018：79－80.

实践包括入学教育、军事训练、劳动教育、社会调查、毕业教育和就业指导等。专业实践包括专业见习、专业实习。创新创业实践包括体育科技创新、创意设计、创业计划、创业训练等。科研训练包括毕业论文（设计）、学术活动等①。

因此，结合课程对人才培养思政元素的支撑水平及武术与民族传统体育专业课程体系，进行系统梳理后形成武术与民族传统体育专业课程思政支撑关系矩阵表（表3）。

表3　不同类别课程对课程思政目标达成指标的支持度矩阵表

课程	毕业要求	家国情怀	学科素养	职业素养	教学能力	反思能力	沟通合作
学科基础课程	运动人体科学学科基础课	M	H	M	M	M	
	体育教育训练学学科基础课	M	H	H	H	M	
	体育人文社会学学科基础课	M	H	M	M	M	
	中华武德	H	H	H	H	M	L
专业素养必修课程	民族传统体育概论	H	H	M	M	M	L
	中国武术导论	H	H	M	M	M	L
	中国武术史	H	H	M	M	M	L
	中国传统养生理论	H	H	M	M	M	L
	专项教学训练理论与实践	H	H	H	H	H	H
专业素养选修课程	教师教学能力模块	H	H	H	H	M	M
	军警训练与实践能力模块	H	H	H	M	M	H
	健身指导能力模块	M	H	H	H	M	M
	运动技能课程板块	M	H	H	M	L	L
实践课程	专业实习	H	H	H	H	H	H
	社会实践	H	H	H	H	H	H
	毕业论文	H	H	H	L	H	L

注：H代表教学环节对毕业要求高支撑，M代表教学环节对毕业要求中支撑，L代表教学环节对毕业要求低支撑。

① 教育部高等学校教学指导委员会. 普通高等学校本科专业类教学质量国家标准：上［M］. 北京：高等教育出版社，2018：80.

在教育部标准指导下建设的武术与民族传统体育专业课程体系，无论是学科基础课程、专业素养课程，还是实践课程，对于课程思政一级指标的预设都具有很强的共性，都能够凸显出专业的特性。

（1）所有课程对于学生的学科素养形成均具有高支撑度，而且除学科基础类课程外，其他各类课程都呈现出对专业课程思政6个维度一级指标的支撑。

（2）学科通识基础课程包含体育学科最为核心的专业基础知识和学科通识性的概念，是体育学类本科生各专业理论知识构建的基石，也是学生开展学科认知的第一步。由于该类课程都是理论课，所以在学习过程中涉及沟通合作方面的实践预设为无支撑，但可以根据专业实际需求重新衡量。

（3）专业素养必修课程是武术与民族传统体育专业的核心课程，主要围绕本专业特色人才培养目标而设置，是专业认知基础，因此需要保障毕业要求指标的高水平达成。核心课程中，有4门课程均为武术与民族传统体育专业基础理论课，其课程内容能较好地突出对民族体育特色的梳理，在家国情怀和学科素养指标上呈高支撑度；它又是职业素养、教学能力和反思能力养成的重要基础，可预设为中支撑度；但对沟通交流指标的支撑相对较弱，故预设为低支撑度。而该类课程中的专项教学训练理论与实践课程是本专业学生的技术实践课，是学生传承、弘扬武术与民族传统体育的基础和保障，所以显示出对所有一级指标的高支撑度。

专业选修课程是拓展学生专业个性化发展的重要环节，由模块化课程系列构成，以激发学生的学习兴趣。这部分内容既与学科前沿对接，又与未来发展对接，可高度体现“两性一度”标准。该类课程是促进学生形成体育学科、武术与民族传统体育专业支撑下的就业观的关键点，因此课程思政在该类课程中也显得尤为重要。任课教师在知识与技术的传授过程中，应更为注重家国情怀、职业素养、沟通交流等方面的培养，保证学生能够将个人前途与国家发展和社会需求紧密结合起来。

（4）实践类课程由于其特殊的组织形式和模式，在整个课程体系中对于思政要素的一级指标均能给予高支撑度，也是在课程体系规划中应该引起高度重视的一类课程。实践类课程强调的是服务和应用，是学生树立正确价值观的直观体验。例如，社会实践的教学环境是社会，在完成预设教学目标时会遇到各种不确定因素，需要学生和教师共同克服，是开展课程思政的良好契机，学生的爱国主义、国情认知、专业认知不仅能在现实场景中得到升华，而且职业素养、反思能力和沟通能力也会在实践中得到加强和提升。

第四节　武术与民族传统体育专业课程思政教学实施

武术与民族传统体育专业课程思政的教学实施是以“三全育人”为指导，在专业价值引领与人才培养目标基础上，以“课程思政”为中心组成的各门课程相互联结、配合，全面覆盖第一、第二、第三课堂的层次递进、类型丰富、相互支撑的专业人才培养实施体系（图1）。

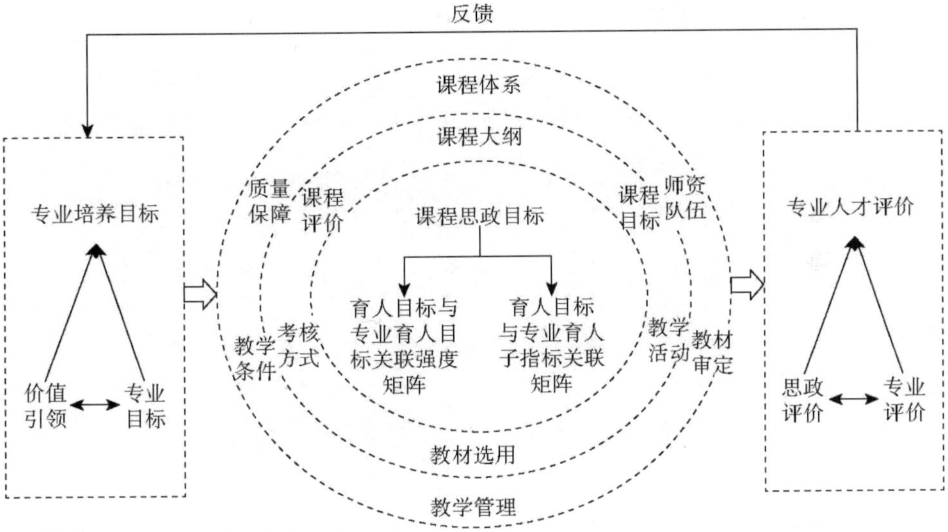

图1　课程思政下的武术与民族传统体育专业人才培养体系

一、基于课程思政引领下的教学大纲设计

教学大纲是一门课程的纲领性文件，它包括课程的教学目标与任务安排、教学内容与时数分配、教学方法与考核方式等内容，同时还要体现该课程知识、技能的广度和深度。教学大纲不仅是教师开展具体教学的工作依据，更是检查、评估教学质量与学生学习效果的重要依据。因此，课程思政建设要落实到具体的课程中，其首要环节就是要编制教学内容与思政元素相融合的、支撑专业人才培养目标达成度的课程教学大纲。而教学大纲中对于课程目标的设置又是重中之重，课程目标应包含专业目标和思政目标，即将课程的教学目标分解成不同的能力培

养，以专业能力对学生进行价值引领，明确该能力和价值引领达成所对应的知识结构和知识点、技能要求和标准，最终形成可操作的教学计划。例如，知识目标要从熟悉、理解到掌握、反思；技能目标要从掌握、精通到具备指导教学训练的能力，以及在“做中学、学中做”的反思能力；而思政目标要求教师在这一过程中通过教学情境与氛围来熏陶、感染学生，使其在情感、态度、价值观上达到思想上的高度认同、行动上的自我规范及精神上的逐步内化（图2）。

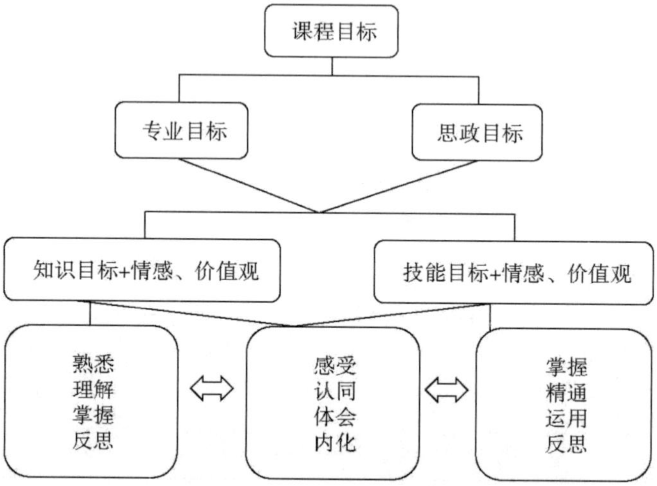

图2　课程思政下的武术与民族传统体育专业课程目标设计

二、教学内容

课程思政教学内容设计强调“溶盐于汤”“润物无声”的隐形教育，与专业知识、技能的显性教育相融合，从而实现思政元素与专业知识、技能的无缝对接。对于武术与民族传统体育专业来说，其专业本身就蕴含着深厚的中国优秀传统文化精神。因此，立足武术与民族传统体育专业特点，课程思政教学内容设计可围绕“德—技—能”三个主体内容，依托专业实践平台，实现“外化于行、内化于心”的全面育人目标。

“德”——武德教育贯穿武术与民族传统体育专业所有的课程教学。武德不仅是习武者共同遵守的一种言行准则和尚武精神，更从属于道德规范，是中国传统伦理文化的重要组成部分，具有鲜明的中国特色和文化特征。2017 年 10 月 18 日，习近平总书记在党的十九大报告中指出：“要以培养担当民族复兴大任的时代新人为着眼点，强化教育引导、实践养成、制度保障，发挥社会主义核心价值观对国民教育、精神文明创建、精神文化产品创作生产传播的引领作用，把社会主义核心价值观融入社会发展各方面，转化为人们的情感认同和行为习惯。[①]”以爱国主义为核心的思想道德教育是民族精神和文化认同的基础，因此，在教学内容设计过程中，要注重从武术当代伦理观教育向社会主义核心价值观教育引领。

“技”——在显性层面，武术与民族传统体育项目的传承与创新离不开对技艺的执着磨炼和对理论的研精覃思；在隐性层面，武术与民族传统体育项目是涵养民族精神文化的载体。武术与民族传统体育项目的高超技艺需要经年累月的磨砺、矢志不移的执着与精益求精的完美追求，而对技法实践的理论总结与提升更是传承与发展创新的精研历程，这就是“工匠精神”。从本质来讲，“工匠精神”是一种职业精神，它是职业道德、职业能力、职业品质的体现，包括敬业、精益、专注等核心内容。武术与民族传统体育专业课程可以通过不同的知识点与技能要求，向学生传递“工匠精神”所倡导的学科素养、专业素养、职业素养、精益求精的学习与工作态度、专注执着与勇于创新的不断追求，从而发挥工匠精神的价值导向作用。

“能”——武术与民族传统体育专业人才的培养目标是培养具有国际视野的武术与民族传统体育文化传承者和推广者，因此，专业的每一名学生都担负着传承与推广以及运用专业服务社会的责任和义务。与此同时，武术与民族传统体育要在与其他体育文化的交流中不失本色地继承和创新，也需要对学生进行创新与合作能力的塑造。党的十九大报告指出，“时代是思想之母，实践是理论之源”[②]，只有着眼于“国家大事”谋划中华武术与民族传统体育的发展传播之路，才能既有利于武术与民族传统体育自身的传承发展，也有利于服务国家民族的大方略[③]。因此，在学生能力培养的过程中，教师应紧扣时代的特征和社会的需求，为学生创造多方位的实践平台，在实践中让学生切实地感受到社会、国家赋予的责任。

① 习近平. 决胜全面建成小康社会　夺取新时代中国特色社会主义伟大胜利——在中国共产党第十九次全国代表大会上的报告［M］. 北京：人民出版社，2017：42.

② 习近平. 习近平谈治国理政：第二卷［M］. 北京：外文出版社，2017：62.

③ 苏长来，杨建营. “一带一路”背景下中华武术推广倡议及实施途径［J］. 天津体育学院学报，2020（1）：117.

三、教学模式

在教学模式上，武术与民族传统体育专业要实现课程思政的教学目标，需突破“以教为中心”或“以学为中心”的单一性模式，形成教师与学生互为主体的交互性模式，注重学生思想教育的主动性和能动性，以适时引导、深入探讨、审思明辨的方法逐步渗透。在教学途径上，可以将课程从课堂内延伸到课堂外，整合第一、第二和第三课堂。在考核方式上，以“思政目标”为核心，以知识、技能为主线，强化过程性评价，强化知识、技能向能力的转换，培养“知行合一”的应用型专业人才。

1. 加强第一课堂教学引领，重技能塑匠心铸家国情怀

第一课堂的教学主要是培养学生的学科素养和专业技能，加强学生的专业认知和职业素养，同时拓展、延伸协同育人的第二和第三课堂，其作用在于“求知”，即专业知识和技能体系的构建。第一课堂不仅要教会学生学科知识内容，构建学科知识体系，领悟学科思维方式，还要通过专业技能与其他运动项目技能实践，构建体育学科素养下体育服务社会、服务国家、服务人类健康的意识和基本能力。通过武术与民族传统体育专业核心课程的学习，让学生了解中国传统体育的古与今；通过体育学科基础课程的学习，让学生了解本土体育与他国体育的异与同，深入思考我国传统体育的未来发展。同时，第一课堂更是专业课程思政的“第一课堂”，通过专业认知，理解我国民族传统体育及其蕴含的优秀传统文化，树立民族认同和文化自信；理解我国民族传统体育的思维方式、运动方式，以及精神追求和价值所在，认同新时代中国特色社会主义价值观；塑造学生传承、发展和创新中国武术与民族传统体育的使命感与责任感，树立服务中华民族伟大复兴中国梦的理想信念。

2. 加强第二课堂社会实践，重实践强能力育社会责任

第二课堂主要是实践课堂，即通过校园社团平台、社会实践平台、创新创业平台等培养学生结合专业知识提升社会服务的实践能力，引导学生形成适应社会需求的价值取向，强化学生运用所学服务社会的责任感，培养学生成长为综合素质突出并富有道德责任感的新时代人才。第二课堂是第一课堂的延伸，大部分活动都是学生自主、自觉、自愿的参与行为，作为这一课堂的主体，学生可以通过

第二课堂来检验自己的专业知识、技能。如上海体育学院武术与民族传统体育专业的第二课堂，依托教育部中华优秀传统文化传承基地（武术）、中国武术博物馆、蔡龙云大师工作室、创新创业实践等平台实现专业课程思政的育人目标；利用社团或表演等平台，强化学生专业的综合技能；利用学校、博物馆、社区等志愿者活动，强化学生专业理论知识的运用和沟通表达能力，以及运用技能指导教学与训练的能力；利用创新创业实践平台，强化学生运用专业知识、技能开展科学研究、科技创新或创业实践的意识和能力。

3. 加强第三课堂网络建设，合话语重差异涵养价值观

无论是知识传授还是价值引导，都是学生认知领域观念的重构过程。在“互联网 +”时代，课程思政不能仅套用传统课堂的组织模式，而是要建立新的价值引导范式，形成对学生世界观、人生观、价值观引导的新形式。相对于线下的传统课堂，网络价值认知的构建是一个从平面走向立体化的过程，也就是让主流价值观由单一的课堂单向传播转变为课堂与网络空间的双维传播过程①。

第三课堂网络建设，首先，要注意课程思政中的价值教育内容不能简单、直接地迁移到网络上，而要进行相应的价值引导转化，使之适应网络传播特点，合乎当代大学生的话语体系。其次，网络上多元文化和价值观并存，良莠不齐、真伪难辨的信息给学生价值观的规范和认同带来了难题，因此，“互联网 +”下的课程思政价值引导应该基于学生的个体特点开展教育活动，主动回应学生的价值困惑，让学生在发现问题、解决问题的过程中受到潜移默化的教育。最后，要建立网络思政内容资料库，教师要主动将具有“隐性教育”功能的教学内容与网络技术深度融合，让学生在课堂外的空间进一步涵养性情。

四、教材选用

依照教育部《普通高等学校教材管理办法》，教材选用原则如下。

1. 选优性原则

专业核心课程原则上选用近三年出版的、高质量的国家级、省部级规划教材和获奖教材、优秀教材，以及教育主管部门或教学指导委员会推荐的教材。如因

① 刘淑慧.“互联网 + 课程思政”模式建构的理论研究［J］. 中国高等教育，2017（Z3）：16.

其他原因不使用优先教材的，需要以书面形式提交说明。

2．**适用性原则**

选用教材符合人才培养方案、课程教学大纲基本要求，教材内容具有科学性、启发性和适用性。

3．**先进性原则**

选用体现本学科、本专业调整和专业领域内的最新科研成果的教材，在内容上始终保持先进性。

4．**统一性原则**

教学大纲要求相同的同一门课程，要对不同版本教材进行调研、比较和论证，择优选用同一种教材。

5．**连续性原则**

同一门课程选用的教材一经审定，应保持相对稳定，除因培养方案和课程调整需要更换教材以外，如无特殊情况，不得随意更换。

武术与民族传统体育专业课程的教材审定要遵循以下流程。

（1）武术与民族传统体育专业培养方案中规定开设的课程原则上都必须有正式出版的教材。如针对选择受限的问题，支持鼓励教师自己编写高质量特色教材，或报学院教学指导委员会同意后可自编讲义或审定外校同类课程教材作为参考书。

（2）选用教材应经课程所属教学团队全体任课教师讨论，然后再报学院教学指导委员会审定。未经审核确定的教材，一律不得进入课堂。

（3）学院教学指导委员会定期对教材进行认定，认定合格的方可继续使用，不合格的应及时更新。围绕思想性、科学性和先进性等指标对选用教材进行系统评价，对于内容陈旧，特别是在思想性、科学性等方面出现问题的实行一票否决制，坚决予以清退。

五、教学团队管理

1. 建立长期的课程思政教学培训机制

以学校和学院为组织单位，建立武术与民族传统体育专业教师课程思政长期培训机制，全面加强专业教师课程思政能力建设。一是依托学校教师教学发展中心等平台，围绕世界和我国经济、文化、社会等发展状况，以及世界和我国教育改革、体育发展的高度和前沿等深入开展各类专题培训，使教师全面了解世界和我国的发展状况，开阔视野、坚定立场。二是依托学校和学院的资源平台，对课程思政的教学理念、教学设计等具体环节进行针对性培训，对武术与民族传统体育专业课程思政培养目标和目标达成度评价方法等进行重点解读，明确专业课程思政和人才培养目标的一致性，提升专业教师课程思政教学开发、设计和实施能力。三是搭建高校间课程思政的交流平台，建立健全优质资源共享机制，定期开展课程思政示范课程交流、现场教学观摩、教师教学培训等活动。四是将课程思政纳入专业教师的岗前培训、在岗培训和师德师风、教学能力等专题培训活动中。

2. 形成稳定的课程思政教学研究机制

以教学团队、课程组等形式建立课程思政集体教研制度，鼓励专业课教师与思政课教师开展合作教学教研。从课程目标设计、教学大纲修订、教材选用、教案课件编写等方面，到课堂授课、见习实践、教学评价与反馈等环节，对课程思政与专业知识，技能融合的重点、难点、前瞻性等问题进行深入研讨，对课程思政建设评价体系进行定期研讨汇报，全面激活专业课堂教学。同时，强调教师在课程思政教学实施中要始终坚守“四个回归”——回归常识、回归本分、回归初心、回归梦想，在课堂教学中做到思想上有深度、视野上有广度、内容上有热度、实践上有强度、情怀上有温度、融入上有力度，形成“课程门门有思政”和“教师人人讲育人”的生动局面，真正实现价值引领、能力培养与知识传授有机统一，成为塑造学生品格、品行、品位的“大先生”。

第五节　武术与民族传统体育专业课程思政教学评价

专业课程思政融“学科专业素养”与“立德树人铸魂”为一体，因此也决定了其教学评价不能止于知识、技能传授和知识、技能运用能力培养的评价上，还要着眼于学生在价值、社会交往等层面的认知能力，构建“立足过程，关注结果，促进知识与技能、过程与方法，以及情感、态度与价值观”全面发展的“三维一体”的教学评价模式，即课程目标达成度的评价。同时，课程思政的实施效果不仅要评价学习的主体——学生，还应从教学的主体——教师对课程思政的设计与实施过程进行评价。最终根据教师课程思政教学设计与实施过程的评价，结合学生课程思政目标达成度和参与情况，生成全面的课程思政教学评价结论，并将之反馈给任课教师，为完善课程思政评价标准、改进教学设计等后续工作提供指导（图3）。

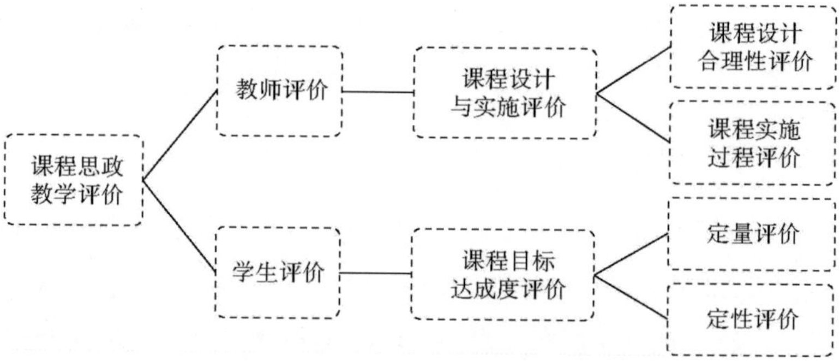

图3　武术与民族传统体育专业课程思政教学评价内容

一、课程思政设计与实施过程评价

评价对象：专业课程的教师。

评价周期：学期。

评价方式：通过基于专家、督导组、同行对课程思政设计和实施过程的直接评价和基于学生学习体验的间接评价两种方式，可进行定量与定性相结合的评价方法。

评价内容：

1. 课程思政设计合理性评价内容

（1）课程目标是否承载课程思政总体培养目标的指标点，且对应合理；

（2）课程教学设计中教学内容与思政目标是否匹配，采用的教学方法是否合理，与教学目标是否呼应，是否能为学生的思政培养提供充分的保障，且提供多种方案支撑同一指标的达成；

（3）课程思政考核方式是否根据课程目标采用适当的考核方法，同一指标点支撑的多个考核环节的支撑系数是否合理。

2. 课程思政实施过程评价内容

（1）课次教学目标：是否承载课程思政目标的指标点，且对应合理；

（2）课次教学设计：教学内容与思政点是否匹配，采用的教学方法是否合理，与课次教学目标是否呼应，是否能为学生的思政培养提供充分的保障，且提供多种方案支撑同一指标的达成；

（3）教学实施效果：教学目标与思政目标完成情况、教学内容与思政元素统一情况、教学技能与思政能力提升情况，即从目标体现、内容融合、成效展现等维度评价；教学过程中学生对课堂教学内容的参与度，即学习态度、学习过程、学习效果的表现与感受；

（4）学生对教师课程实施过程的评价：可依据专家对教师课程思政实施评价的定量指标，结合定性方式进行。

二、课程思政目标达成度评价

任课教师是该课程的评价主体，可依托所授课程各个评价环节的得分，获取该课程目标的达成度评价；同时根据学生个体课程目标达成度与观察学生课堂表现等方面的定性评价进行课程思政目标达成度分析。

评价对象：参加课程学习的学生。

评价周期：学期。

评价方式：采用定量的成绩评价方法，即学生该课程各项考核成绩评价，以及教师对学生学习过程表现的定性评价两种方式。

评价内容：

1. **课程思政目标达成度评价**

全班整体课程目标达成度=平时表现比例*（分目标平时表现平均分/分目标平时表现总分）+平时测试比例*（分目标平时测试平均分/分目标平时测试总分）+期末成绩比例*（分目标期末成绩平均分/分目标期末成绩总分）①

根据“课程目标达成度”可实现对每一门课程思政要素指标的定量评价。但需要注意的是，对于每一门具体的课程，在教学大纲的编订过程中需明确对于各思政指标的具体支撑情况及比重，以及对于课程定量的考核结果及比重，确立相对应的课程思政目标达成情况的定量描述；同时结合课程思政体系建设中针对对应课程的预设达成度要求，可定性评价每一门课程思政的教学效果，从而便于教师和教学管理人员更加直观地判断对应课程的思政教学目标达成情况。

2. **学生课程思政目标达成度评价**

学生课程思政目标达成度评价包含定量评价和定性评价两种。

学生个体课程思政目标达成度=学生个体平时表现比例*（分目标平时表现分/分目标平时表现总分）+平时测试比例*（分目标平时测试分/分目标平时测试总分）+期末成绩比例*（分目标期末成绩分/分目标期末成绩总分）

通过教师对学生课程思政目标达成度的定量评价结果，同时结合任课教师对学生学习状况和行为表现、不同学生之间的合作类型与任务分配、完成任务的贡献度等方面进行课堂观察、考核评价得出的该生课程思政目标达成情况分析，可以让教师和学生共同知晓学生个体或自我的学习状况，明确可能存在的问题和不足，针对具体问题给出提示或者可供参考的解决方式，从而加强教师与学生之间的有效沟通。

第六节　武术与民族传统体育专业课程思政教学管理

课程思政建设是一项系统工程，因此武术与民族传统体育专业课程思政建设的管理与保障体系应该是在学校的领导下，立足学校办学定位和办学特色，以新时代中国特色社会主义思想为引领，对育人资源进行深度整合而形成的“大思

① 译见周立旻，郑祥民主编，华东师范大学印发的《地理学类课程思政教学指南》。

政”育人模式的顶层设计。以学校党委为领导，由教务及相关部门进行统一管理、保障、评价、监督，二级学院进行专业课程思政体系建设、实施、评价等自上而下的管理和保障机制。确立专业课程思政总目标和人才培养规格、教学组织与制度、教学大纲与内容、教学资源与保障、教学监督与评价，并引入用人单位和第三方对人才培养的思政素养评价体系，从而实现校内、校外相结合的质量管理和保障体系（表4）。

学校层面：尊重不同专业和不同课程特点，强化分类指导，确定统一性和差异性要求。建立课程思政工作长效机制，制订工作方案，健全工作机制，强化督查检查，形成领导协同机制、信息反馈机制、跟踪整改机制、考核评价机制、专项奖励机制等政策支持。建立完善各级各项规章制度，规范课程思政教学相关文件、评价方法和标准等。明确职能部门与各院系的职责，加强示范引领，建设一批课程思政示范课程，设立一批课程思政建设研究项目，形成广泛开展课程思政建设的良好氛围，全面提高人才培养质量。

二级学院层面：从专业人才培养规格和思政培养目标入手，构建武术与民族传统体育专业课程思政培养目标和毕业要求关系矩阵。落实专业课程思政教学大纲、教学内容设计；进行教学过程监督与评价，制定专业课程思政教学质量反馈与评价体系；进行师德师风和学生武德、学风的考核评价；从保障机制、评价机制和反馈机制入手，使思政价值引领和专业人才培养紧密结合，形成引领和助推学生思政素质提升的合力。

表4 武术与民族传统体育专业课程思政教学管理与保障机制

保障机构	保障目标	任务	职责分工	责任人
学校党政联席会	为各专业毕业要求中的课程思政提供政策指导和各类教学相关标准	指导各专业课程思政总体规划、人才培养规格和目标制定	审议学校课程思政教学重大政策与措施，审议学校课程教学相关制度和标准	学校教学负责人
学校教务处	全面负责各专业课程思政教学的落实情况；制订课程思政的相关政策和教学标准文件；指导和管理课程思政教学的全过程	指导建设各专业课程思政的教学制度和课程体系，保障专业课程思政的教学实施和管理	制订课程思政教学相关制度，宏观指导专业课程思政体系建设，合理分配教学资源，组织课程教学及监督，实施教学质量评价	教务处处长

（续表）

保障机构	保障目标	任务	职责分工	责任人
学校督导组	监督专业课程思政各教学环节的质量	监督课程思政教学制度落实情况、教学实施质量，以及课程目标达成情况	进行各类课程的思政教学质量评价，课程目标达成度评价等	学校教学督导组组长
二级学院党政联席会	为本专业课程思政目标制订政策指导，具体制订各类课程思政教学相关标准、教学质量评定	指导本专业课程思政目标、专业要求、人才培养方案、课程体系的制订、教学改革和制度建设	对于学院的专业建设、课程建设、课程思政实施、实践教学体系建设、教学规章制度建设和教学质量监控等提出建议	学院负责人
二级学院教学管理团队	为本专业课程思政教学目标达成提供课程与教学支撑、条件支撑	保障本专业的教学资源、教学组织、教学监督、教学评价，建设课程体系，落实教学制度	合理分配教学资源，组织实施教学过程，制订学院教学相关制度	学院教学负责人
二级学院督导组	监督本专业教学环节中课程思政的教学实施和质量	监督本专业课程思政教学制度落实情况、教学实施质量，以及课程目标达成情况	进行本专业课程思政的教学质量评价、课程目标达成度评价等	学院教学督导组
课程教学团队	支撑和保障本专业相关板块课程群课程思政目标达成的基本单位	保障课程思政目标合理性、科学性，保证课程的质量并根据课程思政教学要求持续改进、调整相关教学内容和教学设计	制订教学大纲、实施课程教学、考核与评价课程思政目标达成度	各教学团队负责人

第三章　武术与民族传统体育专业课程思政教学设计

第一节　《中华武德》课程思政教学设计

一、课程基本概况

课程名称：中华武德。

教学对象：武术与民族传统体育专业本科生。

使用教材：《中华武德》（郭玉成主编）。

学分学时：1 学分，16 学时。

课程类别：学科基础课程。

课程简介：《中华武德》是武术与民族传统体育专业学科基础课程，旨在传播中华武德优秀内涵和优良传统。本课程以中华武德的文化渊源、发展脉络、传统内涵、突出特色、文化审视、新时代构建、观念养成和礼仪实践为主要教学内容，引导学生掌握武德历史、强化武德修养、厚植爱国情怀，知行合一，做道德高尚的新时代武术人。

二、课程思政育人目标

本课程以习近平新时代中国特色社会主义思想为行动指南，在“武术与民族传统体育专业”铸魂育人，贯彻党的教育方针，落实“立德树人”根本任务。通过学习中华武德的文化渊源、发展脉络、传统内涵和突出特色等知识，将其内化为自身的武德修养与实践技能；使学生在学习中华武德的过程中，获取自主学习能力、实践操作能力，以及创新开拓能力，全面提高个人的综合素养与综合能力；以立德树人为中心环节，突出本课程的育人功能，创造性提炼和传播新时代中华武德的优秀内涵和优良传统，推进大中小学德育一体化，让更多学生感受到中华武德的风范与博大精深，进而对中华文化形成高度自觉与自信。

三、课程思政教学与对应知识点设计

《中华武德》课程思政教学主要以“内化于心、外显于行”为育人主线，以理论讲授为主要方式，帮助学生更好地理解中华武德知识、体悟中华武德内涵、强化中华武德修养、弘扬中华武术精神，实现知识、能力与思政的有机融合（表5）。

表5 《中华武德》课程思政教学与对应知识点教学设计

序号	知识要点		课程思政融入点
	描述	要求	
1	中华武德的文化渊源——中华武德的根在哪里	LⅢ	理解中华武德的文化渊源，发现中华武德的“根”之所在，感受中华武德的文化底蕴，培养学生人文素养和民族精神，提升学生文化自觉
2	中华武德的发展脉络——中华武德是如何形成的	LⅢ	梳理中华武德发展脉络，发现中华武德与中华文化在历史演进中的内在关联，学思并重，培养学生的问题意识与独立思考能力，提升学生文化自觉与自尊
3	中华武德的传统内涵——中华武德值得传承吗	LⅣ	以学理分析和故事叙述相结合的教学方式，使学生深刻理解中华武德的传统内涵，增强文化认同感，积极承担起传承中华优秀传统文化的责任与使命
4	中华武德的突出特色——中华武德究竟有什么特色	LⅢ	引导学生以发散性思维提炼中华武德的突出特色，激发学生思维活力，提升学生创新性思考的能力，以此充分体认中华武德，增强文化自信

（续表）

序号	知识要点		课程思政融入点
	描述	要求	
5	中华武德的文化审视——中华武德与新时代适应吗	LⅢ	以小组形式探讨中华武德与新时代是否适应，使学生形成发现问题、分析问题、解决问题的能力，培养学生的问题意识及合作解决问题的能力
6	中华武德的新时代构建——中华武德的新时代新形象	LⅣ	以新时代视角透视武德，展现中华武德的新时代价值，增强学生的文化自尊与自信，进而激发学生创新精神，构建新时代中华武德新形象，积极传扬中华传统美德
7	中华武德的观念养成——中华武德如何内化于心	LⅣ	探讨新时代中华武德内化于心的方法与路径，使学生从“知”的层面上完成观念养成，为培养学生健全人格和高尚品德奠定理论基础
8	中华武德的礼仪实践——中华武德怎样外显于行	LⅣ	探索新时代武德外显于行的方法与路径，使学生从“行”的层面上推进礼仪实践，提升文化自觉，坚定文化自信，厚植爱国情怀，践行道德规范

注：“知识要点要求”栏中，“知道”标“LⅠ”，“理解”标“LⅡ”，“掌握”标“LⅢ”，“应用”标“LⅣ”。

四、课程思政教学设计反思

（一）教学设计整体思路

为贯彻习近平总书记在纪念“五四”运动100周年大会、学校思想政治理论课教师座谈会、全国教育大会上的讲话精神，深入阐发中华优秀传统文化精髓，弘扬中华传统美德，推动中华优秀传统文化传承发展工程建设进程，以中国武术这一中国传统文化的典型载体为对象，编撰形成《中华武德》，建设中国武术“思政金课”，利用习近平新时代中国特色社会主义思想在“武术与民族传统体育专业”铸魂育人，贯彻党的教育方针，落实“立德树人”根本任务。

本课程以理论讲授为主要形式，以社会主义核心价值观为基准，着重阐扬中华武德的文化精髓，将“四个新”贯穿教学始终。第一，视角新。以新时代的视角透视武德，着重突出武术人的文化自信。第二，理论新。吸收相关学科最新成果，构建新时代中华武德系统理论。第三，方法新。学理分析与故事叙述相结合，融可读性与深刻性为一体。第四，目标新。转换思维方式，激荡价值旨趣，引领道德追求，重塑精神世界。总之，要帮助学生更好地理解中华武德，传承武术文化，弘扬武术精神，实现知识传授、能力培养与思政育人的有机融合。

（二）育人要素

（1）道德修养与人格养成。“拳以德立，无德无拳”。中华武术具有提升道德修养、促进人格养成的重要价值。本课程对中华武德的系统阐释，可使学生将正确的道德认知、自觉的道德养成与积极的道德实践紧密结合起来，不断修身立德，将新时代中华武德内化于心、外显于行，并在长期的道德实践中养成良好人格，做道德高尚的新时代社会主义新青年。

（2）学习能力与创新思维。注重运用学生讲解和小组讨论的教学形式，深化学生的知识认知，提高学生的语言表达能力和团队合作能力，多维度提升学生学习能力。同时，在学习和研讨过程中，注重使学生开阔认知视野、激发探索精神、提高学习兴趣，从而转换思维方式、激发创新意识、开发创新思维，培养有理想、有本领、有担当的创新型人才。

（3）文化认同与爱国情怀。通过对中华武德的学习，使学生知道中华武德的文化渊源，理解中华武德的发展脉络，掌握中华武德的传统内涵及突出特色，对中华武德形成整体认知，树立起对民族文化的认同感和荣誉感。审视新时代中华武德的价值，以社会主义核心价值观为基准，构建中华武德新时代新形象，结合民族精神、爱国情怀，培育中华武德观念，使学生内化于心、外化于行，在“润物无声”中引领学生的道德追求，增强国家认同感和民族归属感（图4）。

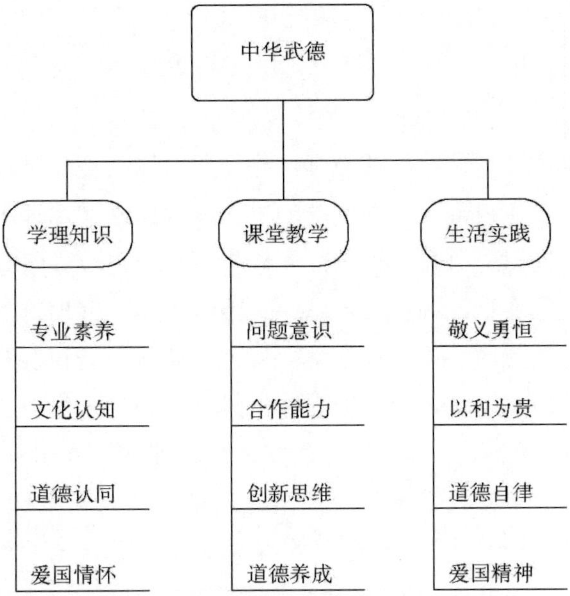

图 4　《中华武德》课程思政育人逻辑链

（三）教学方法

一是学思结合。“学而不思则罔，思而不学则殆”。在教学过程中根据不同教学内容、思政要素特点以及不同学生的个性特点，采取引导学习和激发思考相结合的方式进行教学。做到学中有思，思中有学，通过讲授、提问、讨论等教学方法培养学生主动学习、主动思考、主动提问、主动解决问题的能力。

二是知行统一。“知”与“行”互为一体，“知”是为了更好的“行”，“行”是为了更深入的“知”。因此，在教学过程中不仅要让学生在课堂上学会如何去“知”，更应该让学生在生活实践中学会如何去“行”。将“武德”内化于心、外显于行，让学生更深刻地理解其中的思政价值，体悟“武德”二字的深层含义。

三是线上线下融合。线上与线下融合式教学是目前教学发展的重要方向，通过线上与线下教学的有机结合可以有效解决不同时间、不同空间课时分配、大班讨论、课程考核等问题。因此，本课程积极采用线上线下融合的教学方法，力争实现课程思政教育的全面覆盖。

（四）教学反思

一是确立学生主体地位，发挥教师主导作用。课堂教学是教师引导学生主动参与、独立思考、自主发现、不断创新的过程。因此，在课程思政教学中应明确学生的主体地位，同时充分发挥教师的主导作用，通过教师引导，使学生主动学习和探究中华武德的文化渊源、发展脉络、传统内涵、突出特色等内容。通过把握中华武德课程中的思政要素，促使学生将道德认知与道德实践结合起来，不断修身立德，筑牢道德根基，形成道德自律，树立正确的人生观、价值观。

二是打造“三全育人”体系，全面加强思政教育。中共中央、国务院《关于加强和改进新形势下高校思想政治工作的意见》提出：全员育人、全程育人、全方位育人，即“三全育人”。打造“三全育人”体系，全面加强思政教育，可实现多位一体的育人模式，有助于拓宽思政教学范围，打破时间和空间的局限，把课堂从教室延伸到校园、家庭和社会中，充分利用课外教育资源，汇聚多方力量，共同服务于学生的思政教学。通过将《中华武德》课程中的思政元素融入学习、生活中的方方面面，从多方面、多角度落实思政育人理念，培养担当民族复兴大任的时代新人、德智体美劳全面发展的社会主义建设者和接班人。

第二节 《中国武术导论》课程思政教学设计

一、课程基本概况

课程名称：中国武术导论。

教学对象：武术与民族传统体育专业本科生。

使用教材：《武术理论基础》（全国体育院校教材委员会，人民体育出版社）。

学分学时：2 学分，32 学时。

课程类别：专业素养必修课。

课程简介：《中国武术导论》是武术与民族传统体育专业素养必修课程。该课程要求学生掌握武术的基本理论，认识武术的文化特性及内涵，了解武术与中国其他传统文化的关系，为系统的专业学习和训练打好理论基础，同时可增强文化自信，提高人文素养。

二、课程思政育人目标

本课程通过学习武术理论基础知识，理解武术与中国传统文化、哲学、医学、美学、兵法等方面的关系，较为全面地理解武术理论所涉及的知识范围，提高学生对中国传统文化的理解，培养民族自信和人文精神。同时以中华武德教育对学生进行“三观”引领，将武术所追求的形神一统、崇武尚德和儒家文化所倡导的“修齐治平”共同融入社会主义核心价值观，达到增强学生的文化自信和爱国主义情怀的育人目标。

三、课程思政教学与对应知识点设计

根据《中国武术导论》课程内容，将其分为十个知识单元模块，以课程理论为基础融入思政教育元素（表6）。

表6　《中国武术导论》课程思政教学与对应知识点教学设计

序号	知识要点			课程思政融入点
	描述		要求	
1	中国武术文化概述	1. 武术文化的形态：掌握武术文化形态的概念，武术文化所反映的刚健进取、重视伦理、天人合一等基本民族精神	LⅢ	完整、准确、全面理解武术文化体系，引导学生从文化角度重新思考武术的本质，增进学生对中国身体文化的认知，感悟中国优秀文化
		2. 武术文化的形成与发展：熟悉武术文化的萌芽、初期、完整形态及武术文化完备形态具有的特征	LⅡ	培养学生历史思维能力，以发展的眼光看待武术文化变迁，在回溯历史的基础上思考当代武术文化，增强武术人的历史责任感
		3. 武术文化在世界文化中的地位：了解武术静态型文化形成的客观原因，西方文化对中国文化的冲击及武术永不过时的文化内核	LⅠ	使学生认识中国武术在西方体育冲击下所处的困境与其在现代社会中的独特价值，在引导学生反思武术发展的同时培养文化忧患意识和民族责任感

（续表）

序号	知识要点			课程思政融入点
	描述		要求	
2	武术与中国哲学	1. 天人合一观	LⅢ	以天人合一的思想观念引导学生对“身心一统”进行再认识；培育中国体育人的思维方式；增强学生对学校的热爱与自豪感
		2. 太极哲理	LⅢ	通过学习太极哲理中阴阳互根互用、对立统一的辩证关系及武术中的动静、刚柔、虚实等运动特点，培育学生运用辩证思维全面分析问题的能力，形成正确的是非观
		3. 道与气	LⅢ	利用“道”与“气”掌握中国文化天人合一、形神一统的终极追求和精气学说背后朴素的唯物主义思想，引导学生通过中国哲学中的整体观念，巩固传统武术以和谐、中正为核心的运动理念
3	武术与中医学	1. 精气学说与武术	LⅢ	通过学习精、气、神的概念及其三者之间的关联，掌握武术内外兼修的理论基础，鼓励学生学习中医学知识，深入理解中国健康智慧
		2. 经络学说与武术	LⅠ	初步认识气血通路“经络”，形成对武术“点穴”、气功练气、行气的正确认知，培育学生对传统武术养生功法的理论自信
		3. 辨证论治与武术	LⅡ	用中医临床辨证论治的思维，引导学生对武术当下所面临的种种问题进行辩证思考，并给出自己的对策，强化学生的思辨能力、问题意识及解决问题的能力

（续表）

序号	知识要点			课程思政融入点
	描述		要求	
4	武术与内功养生	1. 内功的形成与发展	LⅢ	通过学习中国独特的内功发展过程，体会健康文化动中求静、内倾超越等特点；提升学生对武术“内外”的认识，强化对传统文化的研究兴趣
		2. 武术内功的主要内容	LⅠ	基于武术对“内外”的认识，引导学生思考国家发展所需的“内功”，即社会主义核心价值观与四个自信等对于国家发展的重要意义
5	武术与古代军事文化	1. 武术与战争、兵法的关系	LⅢ	掌握“国之大事，在祀与戎”及西周贵族“六艺”教育中武术的重要地位，培养学生学习兴趣，增强学科自信，激发使命担当
		2. 武术技击与兵法谋略	LⅡ	以武术“胆气”概念，培养学生不畏困难，敢于克服的勇气和承受挫折失败的韧性；以“正奇”思想引导学生在面对问题时充分发挥想象力，从不同角度思考问题，增强分析问题、解决问题的能力
6	武术与传统美学思想	1. 传统美学思想概述	LⅠ	对比中西方美学异同，以传统美学的伦理特质帮助学生树立以道德为美的思想认识，加强学生的道德修养
		2. 传统美学在武术中的体现	LⅡ	通过理解传统美学中韵、气、意、趣的审美特征，借由武术切身感受中国传统美学的特点和魅力，发现武术的思想内涵和身体智慧

（续表）

序号	知识要点			课程思政融入点
	描述		要求	
6	武术与传统美学思想	3. 武术美学的基本特征	LⅢ	借助武术姿势美、劲力美、节奏美、结构美所传递的艺术魅力，使学生认识到武术的美育价值，激发学生对美的向往，提高精神境界与情趣追求
7	形神统一说	1. 五体匀称	LⅢ	通过掌握五体匀称的平衡、中和之意，帮助学生认识和谐对于个人发展的重要性，反对极端主义思想
		2. 形健质善	LⅢ	以形与质引申至名与实，教导学生在学习、做人各方面均要形健质善，做全面发展的社会主义建设者
		3. 内外合一	LⅢ	通过学习内外三合与“心身交益”在武术学习中的重要性，进而强调“内志正”“外体直”、理论与实践并重、做人与做事共举对个人成长的重要意义
8	拳法阴阳说	1. 动迅静定	LⅢ	掌握动与静的辩证关系，以“阴在内，阳之守也；阳在外，阴之使也”的阴阳互用引导学生意识到劳逸结合对身体健康的重要价值，帮助学生养成良好的作息习惯，提升学习效率
		2. 刚柔相济	LⅢ	通过阴阳理论中刚柔的强弱辩证思想，启发学生思考当前由西方个别国家主导的单边主义和中国提倡的“人类命运共同体”孰强孰弱，引导学生独立思考，增强道路自信

（续表）

<table>
<tr><th rowspan="2">序号</th><th colspan="2">知识要点</th><th rowspan="2">课程思政融入点</th></tr>
<tr><th>描述</th><th>要求</th></tr>
<tr><td>8</td><td>拳法阴阳说　3. 虚实分明</td><td>LⅢ</td><td>掌握避实击虚的思维方式，引导学生分析解决问题时辨清矛盾主次，聚焦主要矛盾；充分认识自己的虚实与对方的虚实，有助于学生在面对问题时综合考虑各项因素，提升解决问题的能力</td></tr>
<tr><td rowspan="2">9</td><td>守柔处雌说　1. 以静制动，以柔克刚</td><td>LⅢ</td><td>通过掌握老子“守柔曰强”在武术中的战略战术思想，引导学生形成静心守意的思想状态，提升精神境界，增强面对复杂问题时的定力</td></tr>
<tr><td>2. 后发先至，崇下尚退</td><td>LⅢ</td><td>掌握后发与尚退背后的道家思想哲理，指引学生养成“谋定而后动，知止而有得”的思想观念，培养学生形成制订学习计划、合理安排时间的学习生活习惯</td></tr>
<tr><td rowspan="3">10</td><td>尚武崇德说　1. 尊师重道</td><td>LⅢ</td><td>从尊师延伸至“道之所存，师之所存”，培养学生谦虚好学、彬彬有礼的品质</td></tr>
<tr><td>2. 择徒谨慎</td><td>LⅢ</td><td>通过学习武林前辈关于择徒的标准，引导学生思考怎样成为一名合格的学生，进而反思在中华民族伟大复兴的历史背景下如何成为可担民族大任的时代青年</td></tr>
<tr><td>3. 除恶扬善</td><td>LⅢ</td><td>以岳飞、戚继光等将领的事迹引导学生崇尚精忠报国的大勇，反对生活中的争勇斗狠，树立学生为国为民的正义感和责任感</td></tr>
</table>

（续表）

序号	知识要点			课程思政融入点
	描述		要求	
10	尚武崇德说	4. 重义轻利	LⅢ	掌握正确的义利观，塑造学生的社会理想、道德理想、人格理想和为国家民族事业奉献、为正义真理奋斗的思想境界
		5. 勤修苦练	LⅢ	通过与学生讨论有关武术修习的谚语，反思其自身学习态度的不足，帮助学生树立终身学习的观念

注：1. “知识要点要求”栏中，“知道”标“LⅠ”，“理解”标“LⅡ”，“掌握”标“LⅢ”。

四、课程思政教学设计反思

（一）教学设计整体思路

《中国武术导论》是武术理论的基础课程，以推进学生从文化层面对武术的理解为目的，系统阐释武术中所蕴涵的华夏民族独特的思维方式、行为规范、审美认知、价值取向和人生理念等内容。因此，武术理论本身即有弘扬中国文化和民族精神，树立民族自信的思政教育功能。

在传扬中国传统文化的基础上，课程紧随中华民族伟大复兴的时代潮流，注重以武德对学生核心价值观进行引领，培养学生的社会担当和家国情怀。同时以内外兼修为出发点，帮助学生养成良好的学习生活习惯，为学生终身德育实践的可持续发展奠定思想基础，为国家培养德、智、体、美、劳均衡发展的体育人才（图5）。

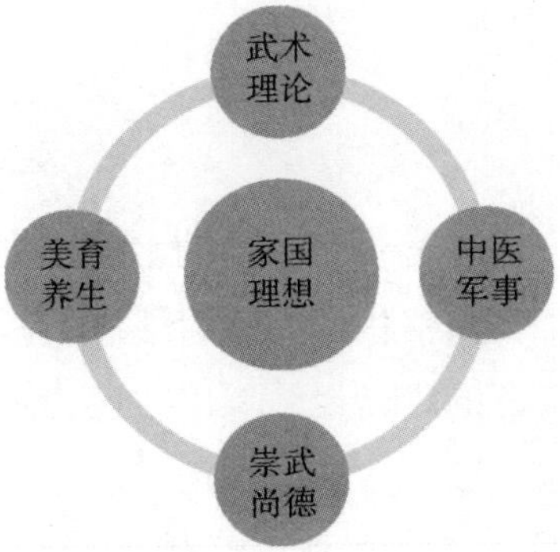

图 5　《中国武术导论》课程思政育人思维图

（二）育人要素

（1）人文情怀。基于武术与民族传统体育专业本科生人文素养整体偏弱的情况，引入部分古代武术家、将军的传记著作，引导学生探索文武殊途同归的理想追求与现实关怀，使学生认识文与武相辅相成的辩证关系，培养学生的人文情怀。

（2）思辨精神。立足武术的拳法阴阳思想，充分挖掘武术“以身体阐阴阳”的运动特色，培养学生从不同角度思考问题的多元思维、对立统一分析问题的辩证思维，最终养成可以透过现象看本质的思维能力与多元的辩证精神。

（3）家国理想。通过“国之大事，在祀与戎”，理解武术在古代对于战争和国家兴衰的重要意义，通过具体事迹，阐发其中内涵的武术精神，培养学生热爱国家、奉献社会、服务人民的家国理想。

（4）保身长存。针对大学生离开家庭后容易养成昼夜颠倒、饮食不节生活习惯的问题，引用武术内外兼修、形神合一、“冬练三九，夏练三伏”等理论，引导学生养成合理健康的生活习惯与积极锻炼的体育意识。

（三）教学方法

以全国体育学院教材组编写的《武术理论基础》教材为授课依据，结合上海体育学院主编的参考教材，根据本科生实际水平，以教授领衔主讲，副教授、讲师分讲等教学模式，采用课堂讲授和启发性讨论为主、学生汇报为辅的教学过程，有选择性地进行讲授，提高学生的自主性学习能力。

（四）教学反思

一是传统与现代的结合。教材中所引用的案例多来源于古代，如何在讲述传统文化的过程中取其精华、去其糟粕，为新时代思想政治教育服务，传扬社会主义核心价值观，成为思政教育的难点之一。以人民史观讲授武术理论的发展，有助于学生理解武术理论对道德品质的塑造作用。

二是跨专业知识的统摄。《武术理论基础》教材中涉及的中医、军事、哲学、美学等内容均有庞大的理论体系和丰富的知识内容，准确地讲解这些知识需要专业教师不断强化自身的文化底蕴，才能在完整传授专业知识的基础上无缝对接思政教育。

第三节　《中国武术史》课程思政教学设计

一、课程基本概况

课程名称：中国武术史。

教学对象：武术与民族传统体育专业本科生。

使用教材：《中国武术史》（郭玉成主编，高等教育出版社）。

学分学时：2 学分，32 学时。

课程类别：专业素养必修课。

课程简介：《中国武术史》是武术与民族传统体育专业必修课程。课程以中国史、中国文化史、中国古代军事史和兵器史、中国武术发展演变史为主线，着力使学生掌握中国武术发生发展的相关历史与文化知识，同时熟悉与中国武术历史发展相关联的中国政治、经济、文化、社会、军事历史知识；具备以史学视野审视武术问题的能力，同时提升分析问题、解决问题时运用辩证思维、创新思维、系统思维的意识与水平；以德性意识引领史学视野，以史学视野支撑文化自信，以文化自信理解中国发展的道路、理论与制度，进而在世界视域下厚植爱国情怀。

二、课程思政育人目标

本课程坚持正确的历史观和文化观，系统融入、有机渗透社会主义核心价值观，充分贯彻中央精神，体现德育为先、立德树人的理念。通过学习，使学生整体认识和了解中国武术历史，理解不同时代下中国武术与中国文化、军事、教育、体育、艺术等之间的关联，深度认知中国武术文化起源、形成与发展的历史脉络，提高学生的专业知识深度；具备以史学视野审视武术问题的能力，同时提升分析问题、解决问题时运用辩证思维、创新思维、系统思维的意识与水平；使学生较为深入地理解中国传统武术文化，传扬武术历史中所蕴含的自强不息、厚德载物、爱国主义等精神，提高学生传承中华文化的自信，培养中国特色社会主义建设者和接班人。

三、课程思政教学与对应知识点设计

《中国武术史》课程思政教学着眼“综合育人”，从中国史、中国文化史、中国古代军事史和兵器史、中国武术发展演变史四条主线出发，实现中国武术的历史价值、文化价值、时代价值与思政教学有机融合（表7）。

表7　《中国武术史》课程思政教学与对应知识点教学设计

序号	知识要点			课程思政融入点
	描述		要求	
1	原始社会武术	1.1 古史传说中的武术 1.2 石器时代的武术 1.3 武舞、搏斗、战争与武术起源	LⅡ LⅢ LⅣ	通过学习武术的起源，感受中国武术深厚的文化底蕴，深化学生文化认同感，增强文化自信
2	夏商西周武术	2.1 军事战争中的武术技艺与器械 2.2 六艺教育中的武术 2.3 徒手技能与武舞 2.4 夏商西周思想文化与武术	LⅡ LⅢ LⅢ LⅣ	感受古人的早期智慧，讨论其对武术文化形成产生的影响；感受中国传统文化的魅力，培养学生的问题意识、合作能力，深化文化认同感

（续表）

序号	知识要点			课程思政融入点
	描述		要求	
3	春秋战国武术	3.1 春秋战国战争中的武术 3.2 春秋战国的兵器与武艺 3.3 春秋战国的武术理论 3.4 诸子百家与武术 3.5 春秋战国侠士的兴起 3.6 春秋战国的养生思想与武术	LⅠ LⅢ LⅣ LⅣ LⅢ LⅢ	感受诸子百家的文化繁荣，发现其与武术的内在关联，体认武术由此达到的广度和深度，增强中华本位文化认同，同时感受武侠文化的魅力，强化学生的责任和担当意识
4	秦汉武术	4.1 秦汉战争中的军旅武艺 4.2 武术器械的演变与使用 4.3 “武艺”的出现与其他武术形式 4.4 对外民族文化交流中的武术 4.5 秦汉思想文化与武术	LⅡ LⅣ LⅡ LⅢ LⅢ	整体了解秦汉武术，借助中国武术博物馆，分组展开武术器械讨论，小组代表讲解武术器械知识，培养学生的团队合作精神和沟通合作能力
5	魏晋南北朝武术	5.1 魏晋南北朝战争与武术 5.2 军事武艺与民间武艺的发展 5.3 北周府兵制与选士标准 5.4 魏晋时期的思想文化与武术 5.5 魏晋时期的导引养生思想 5.6 妇女习武及武舞演练 5.7 对外武术文化交流	LⅡ LⅣ LⅠ LⅢ LⅢ LⅡ LⅢ	把握玄学、佛教、道教、书法、养生等不同文化体系对武术发展产生的影响，激发学生的学习兴趣，培养学生的创新精神、问题意识及合作解决问题的能力
6	隋唐五代武术	6.1 隋唐战争与武术 6.2 武举制度的创立 6.3 隋唐五代的器械武艺 6.4 唐代武舞、角抵与功法 6.5 隋唐时期游侠的风行 6.6 隋唐思想文化与武术 6.7 隋唐医学养生与武术 6.8 武术的民族交流与中外交往	LⅡ LⅣ LⅡ LⅡ LⅣ LⅢ LⅢ LⅡ	学习古代武术人才培养制度，与当下武术教育相比较，强化学生“史为今用”的意识，同时提升学生的问题反思意识和问题解决能力，树立终身学习理念

（续表）

序号	知识要点			课程思政融入点
		描述	要求	
7	宋辽金元武术	7.1 宋元时期军队中的武艺 7.2 武举与武学 7.3 宋元时期民间武术活动 7.4 宋元时期的导引养生 7.5 宋元思想文化与武术 7.6 对外武术文化交流	LⅡ LⅣ LⅢ LⅢ LⅢ LⅡ	在了解宋元思想对传统武术发展影响的基础上，重点学习武举与武学，感受中国古代教育的先进性，培养学生的文化自信
8	明清武术	8.1 军队中的武艺训练与武举、武学 8.2 抗倭战争与武术发展 8.3 民间武术内容与组织 8.4 导引养生术与武术 8.5 明清思想与武术 8.6 对外武术文化交流	LⅢ LⅣ LⅣ LⅢ LⅣ LⅡ	学习抗倭战争与武术发展，厚植爱国情怀；发现明清思想与武术的关联，在文化自觉中增强自尊自信
9	近现代武术	9.1 近代反侵略斗争和农民战争中的武术 9.2 近代导引养生术与民间武术 9.3 近代武术教育与武术组织机构 9.4 近代中西思想文化交流与武术改革发展 9.5 中华民国时期武术的对外交流 9.6 中华人民共和国武术	LⅢ LⅣ LⅣ LⅣ LⅢ LⅣ	了解武术在中国近现代发展史中的重要作用，感受武术人的爱国情怀，增强责任意识与担当精神；理解近现代武术的发展逻辑，提升创新意识与改革精神

注：1. “知识要点要求”栏中，“知道”标“LⅠ”，“理解”标“LⅡ”，“掌握”标“LⅢ”，“应用”标“LⅣ”。

四、课程思政教学设计反思

（一）教学设计整体思路

《中国武术史》旨在建立武术与民族传统体育专业本科生对中国武术史的整

体认识，在中国大历史背景下讲解中国武术史，使中国武术史成为中国历史的组成部分，并试图搭建其与中国文化史、军事史、教育史、体育史、艺术史、思想史的桥梁，寻求中国武术文化起源、形成与发展的历史脉络。

课程以基本探索成型的“教师引入主题、学生具体汇报、教师宏观勾连”的大历史三步骤教学法为主导，广泛融会考古学、历史学、文化学、经济学、政治学、军事学等多学科理论知识，发掘武术史的思政育人功能，注重启发性教育，引导学生发现问题、分析问题、解决问题，在不断启发中让学生水到渠成得出结论。课程教学争取做到在价值传播中凝聚知识底蕴，在知识传播中强调价值引领，有效开阔学生认知视野、激发学生探索精神、提高学生学习积极性、厚植爱国情怀，把提升“四个自信”切实落实到课堂教学中（图6）。

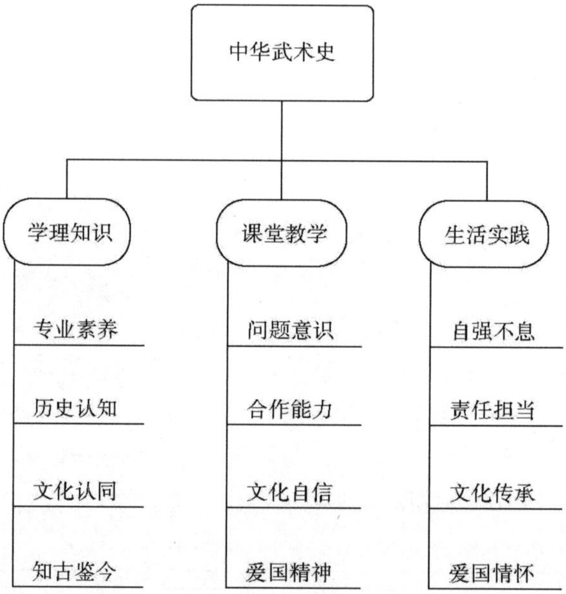

图6 《中国武术史》课程思政育人逻辑链

（二）育人要素

1. 文化与品格

以传统为根，铸现代之魂。通过中国武术史相关理论知识的学习，让学生建立起对中国武术历史与文化的整体认知，强化学生的民族文化认同感，培养学生的文化主体意识。同时，将武术中蕴含的优秀传统文化理念与新时代中国特色社会主义思想相对接，提高学生的道德修养水平，引导学生增强中国特色社会主义道路自信、理论自信、制度自信、文化自信，厚植爱国主义情怀，为社会主义建设铸魂育人。

2. **历史与传承**

深谙历史，传承文化。历史是文化的载体，对历史的认同也就是对文化的认同。通过学习中国武术史，使学生深度认知历史，结合真实史事讲述，提升学生的专业素养，提高学生的文化自觉与自信。同时，教学中积极将社会主义核心价值观系统融入、有机渗透，充分贯彻中央精神，从大历史视野下明晰武术人肩负的历史使命与社会责任，以宏阔视野在新时代中主动担当、积极作为，培养学生成为优秀传统文化的积极传承者。

3. **思维与创新**

以古人之规矩，开今人之生面。本课程注重启发性教学，寓问题意识于知识传授之中，运用多元的教学手段和方法，引导学生发现、分析、解决问题，激发学生探索精神，提高学生学习积极性，提升学生思维活力。同时，拓展教学内容的广度和深度，在上述基础上激发学生的创新意识，培育创新思维，培养有理想、有本领、有担当的创新型人才，为推动中国优秀传统文化的创造性转化、创新性发展作出积极贡献。

（三）教学方法

1. **“引、报、连”三步教学法**

“引”即教师引入主题，结合教学重点，通过设问法、故事法等多元方法，激发学生的求知欲；“报”即学生具体汇报、发散思维，通过独立搜寻资料及团队合作探讨等方式，解决问题并分享观点；“连”即教师宏观勾连，教师对学生的问题进行答疑、对观点进行评价，并结合教学内容将其串联，对教学内容进行全面梳理、重点讲解。“三步教学法”既可深化学生对知识的认识，又能锻炼学生的学习、合作、创新等能力，充分发挥武术史的思政育人功能。

2. 差异化培养

孔子说："圣人之道，粗精虽无二致，但其施教，则必因其材而笃焉。"（《论语·雍也》）。在基本教学内容相同的基础上，根据学生的兴趣爱好、认知水平等不同因素，采取不同的教学方式，授之以不同的教学内容、思政元素，发现和开发学生"长板"。同时，通过划分小组的学习模式，也可让不同特点的学生发挥自己的"长板"，激发学生的创造性思维，促进学生全面、可持续发展。

3. 线上线下融合

线上以课前预习、课后复习、互动答疑、热点讨论等形式进行教学；线下的课堂学习则主要对核心教学内容进行重点解析，以学生讲解、小组讨论为主要教学模式。此外，在该教材中设置二维码链接文字、图片、音频、视频，建立"互联网＋"、手机移动通信与教学有效融合的创新模式，加快现代信息技术与教育教学深度融合。线上与线下的有机结合，可为学生提供更为完备的知识内容，完善课堂教学机制，同时也可增强学生的自主学习能力。

（四）教学反思

1. 以专业知识为主线，深度融合思政教育

教学过程中，结合武术史基本知识与武术专业特点，提炼武术历史中蕴含的大量文化基因和价值要素，将课程思政的基本内涵、主要内容等有机、有意、有效地纳入整体教学布局和课程安排中，并将其转化为社会主义核心价值观生动化、具体化的有效教学载体，做到专业教育和思政教育相融共进，引导学生做社会主义合格建设者和可靠接班人。

2. 加强师生间的互动，实现思政价值传递

中国武术史教学应以大历史观为主导，以学生关注和困惑的问题为起点，循着答疑解惑的认知路径层层递进、不断深入；加强与学生的互动交流，寓价值观引导于知识传授之中，教师与学生互动时的真情流露是最有效的教育方式，唯有加强师生间的交流互动，才能真正有效地实现思政价值传递。

第四节　《民族传统体育概论》课程思政教学设计

一、课程基本概况

课程名称： 民族传统体育概论。

教学对象： 武术与民族传统体育专业本科生。

使用教材：《民族传统体育概论》（邱丕相主编，高等教育出版社）。

学分学时： 2 学分，32 学时。

课程类别： 专业素养必修课。

课程简介：《民族传统体育概论》是武术与民族传统体育专业素养必修课程。该课程重点介绍民族传统体育发展历史、内容特点、文化特征、传承传播、保护发展等，主要通过教师讲授、合作学习、体验建构、互动交流和启发研究等形式，以理论教学为主，实践体验为辅，使学生掌握民族传统体育的核心知识和方法，具有传承和传播民族传统体育文化、组织民族传统体育活动、研究民族传统体育发展规律和创新民族传统体育内容与形式的能力。该课程在教学方法上，既重视基础知识、概念的传授，又特别强调培养学生的研究和探索能力，运用现代多媒体技术，大力拓展网络资源，丰富民族传统体育的动态画面，并结合文字讲解和演讲等多种方式展现文化各异的民族传统体育特色，进一步激发学生对本课程的学习兴趣。

二、课程思政育人目标

使学生在民族传统体育的理论学习和实践体验中把握民族传统体育的文化性、传统性和现代性，传承民族传统体育的文化精神，站在世界文化发展的背景下正确认识本民族文化的精神命脉，本着“民族的就是世界的”发展眼光，以世界体育发展共性为背景，大力弘扬民族体育文化个性，在传统“修身、齐家、治国、平天下”思想启迪下，重在突出德育观、知行合一观和创新发展观，树立社会主义核心价值观和坚定的理想信念。

三、课程思政教学与对应知识点设计

《民族传统体育概论》以“寻根—传承—践行”的民族传统体育强国梦为课程总体实施理念，在课程主体内容板块中提炼形成民族体育的德育观、民族体育的强国志、民族体育的修身齐家观、民族体育的知行合一观、民族体育的创新观，通过理论讲授、实践体验、专题讨论等不同环节进行知识和能力的建构，以期从思想、能力、知识等多维角度提升学生的综合能力素养（表8）。

表8　《民族传统体育概论》课程思政教学与对应知识点教学设计

<table>
<tr><th rowspan="2">序号</th><th colspan="2">知识要点</th><th rowspan="2">课程思政融入点</th></tr>
<tr><th>描述</th><th>要求</th></tr>
<tr><td>1</td><td>民族传统体育概述</td><td>LⅢ</td><td>掌握民族传统体育基本概念和学科基本特征，以“民族的就是世界的”为文化背景，培养学生民族文化认同感</td></tr>
<tr><td>2</td><td>民族传统体育起源与形成基础</td><td>LⅢ</td><td>“未曾学艺先学礼，未曾习武先习德”，通过学习民族传统体育起源和形成的文化、哲学基础，培养学生知礼习德的品质</td></tr>
<tr><td>3</td><td>民族传统体育历史发展</td><td>LⅡ</td><td>了解和认识民族传统体育历史文化发展及流变，深刻理解“体育强则中国强，国运兴则体育兴”的内在含义，树立体育自信和强国志</td></tr>
<tr><td>4</td><td>民族传统体育文化特征和文化价值</td><td>LⅢ</td><td>掌握民族传统体育文化特征和文化价值，理解“体育强国梦与中国梦”之间的关系，提升学生的体育责任意识和民族文化自觉意识</td></tr>
<tr><td>5</td><td>民族传统体育内容与分布</td><td>LⅡ</td><td>理解和掌握民族传统体育的多样性和多元性，认识各民族文化同生共存的发展规律，培养学生民族文化自觉感</td></tr>
<tr><td>6</td><td>理论主题展示（系列一）</td><td>LⅣ</td><td rowspan="2">本着民族文化认同—寻根的理念，通过民族传统体育文化形态样貌的整理和展示，增强学生文化自信</td></tr>
<tr><td>7</td><td>理论主题展示（系列二）</td><td>LⅣ</td></tr>
</table>

（续表）

序号	知识要点		课程思政融入点
	描述	要求	
8	民族传统体育与传统文化	LⅡ	传统文化是民族传统体育文化生成的土壤，理解民族传统体育文化中“齐家、治国、平天下”的文化内涵，培养学生文化自省和德育观
9	民族传统体育保护与非物质文化遗产	LⅢ	掌握民族传统体育保护的基本原则和形态，树立弘扬传统文化的精气神和文化自觉意识
10	民族传统体育传承与传播	LⅢ	掌握民族传统体育传承和传播的方式，鼓励学生做到崇德修身，彰显文化自信，提升文化自省和修身齐家观
11	武术：太极拳与罗汉十八手	SⅡ	通过对民族传统体育不同形态体育项目的体验，本着文化传承—践行的理念，树立和培养知行合一观
12	传统体育养生：易筋经	SⅡ	
13	民族民间体育：舞龙舞狮	SⅠ	
14	民族民间体育：珍珠球、毽球、花样跳绳	SⅢ	通过小组设计和展示，以文化认同—体悟为教育理念，增强知行合一观
15	民族传统体育产业发展	LⅡ	本着“善于继承才能善于创新”的发展理念，促进学生在理解和掌握民族传统体育产业发展模式的基础上，培养创新发展观

注：1.“知识要点要求”栏中，对于理论知识，“知道”标“LⅠ”，“理解”标“LⅡ”，“掌握”标“LⅢ”，“应用”标“LⅣ”；对于实践/实验技能，“一般掌握”标“SⅠ”，“熟练掌握”标“SⅡ”，“会设计或会教学训练”标“SⅢ”。

四、课程思政教学方法设计

（一）创新与经验

课程以“寻根—传承—践行”的民族传统体育强国梦为设计理念，重在培养学生在形态各异的传统体育项目基础上对民族体育文化的整体性认知，力图通过知识学习、体悟实践、能力建构启发学生对民族体育文化的寻根、传承和践行。

课程突破传统理论课的教学方法和评价方法，将课堂和课外、线上和线下、过程和评价、理论和实践融为一体进行教学，注重学生知、情、意的统一，以增加课堂思维的活跃性和思辨性。

（二）教学方法

1. 课堂讲授

采用多媒体配合讲解、实时提问、总结答疑等方法进行民族传统体育基本概念、文化内涵、历史发展和传播演化等内容的讲授和辨析。

2. 课堂讨论

结合文化强国和文化自信等思政主题，课堂上通过激发学生对民族传统体育民族性、传统性以及传播传承中呈现的文化多样性等专题的思考，进行小组答辩式讨论。目的是通过合作式和探究式等教学方法使学生发现问题、解决问题，提高学生掌握知识、辨析知识的能力；引导学生在形态认知的基础上，感受民族多样体育文化的魅力，增强民族认同感和民族文化自信心。

3. 录像观摩

通过电化录像教学，使学生在学习的初期、中期更加直观感受民族传统体育的具体内容、特征，为理论讲授做好准备。录像观摩的具体内容包括全国少数民族运动会的项目集锦、传统武术、舞龙舞狮等项目的比赛和民间资料、中小学大课间民族体育的教学录像。目的是通过观察和分析，使学生直接、快速地构建起民族传统体育的基本概念。

4. 教学实验

丰富多彩的民族传统体育呈现出不同的类别特性，武术、传统体育养生、民族民间体育的技术特点迥然不同，在教学推广应用过程中具有不同的特点和要求。课堂上采用分班级教学实验展示民间武术项目、传统体育养生功法和部分民族传统体育项目的形式，通过课前资料收集、器材准备、教学方法设计、课中简短汇报、教学模式呈现、全班教学参与体验、教学评价、基本能力测试、课后总结等形式，培养学生自主学习的能力，提高学生传播民族传统体育以及对民族传统体育传统性和现代性的认识，突出民族体育传统性和现代性的继承与创新。

5. **学生习题**

民族传统体育包括 977 种项目，通过布置学生课外收集项目资源、制作 PPT、设计视频资料、课堂 5 分钟汇报和教师总结评价等方式，培养学生自学、表达和创作的能力。

6. **课外培养模式**

通过以班级、小组为单位的方式准备课后专题作业、解答课堂遗留问题，检查教学效果、补充课堂教学的不足，推进课内课外教学的一体化，实现学生自主学习能力和实际操作能力的培养和提升。结合当前国内外政治和经济发展环境，认识民族传统体育的时代使命。

7. **数字化课程构建**

（1）多媒体课件：采用文字、图片、声像资料等元素，通过制作民族传统体育概述、民族传统体育历史、民族传统体育文化、民族传统体育传播、民族传统体育教学训练等理论课件以及民族传统体育项目展示课件，培养学生的学习兴趣，培养对民族传统体育理论知识的认知和理解，提高组织知识的能力。

（2）课程网络：构建课程网站资源，实现课程大纲、课程计划、课前辅导资料、教学课件、课后阅读资料、课堂作业、课外作业、学生学习状态和课后答疑等网络资源共享和监控。

第五节　《武术套路专项教学训练理论与实践》课程思政教学设计

一、课程基本概况

课程名称：武术套路专项教学训练理论与实践。

教学对象： 武术与民族传统体育专业武术套路方向本科生。

使用教材：《中国武术教程（上册）》（邱丕相主编，人民体育出版社）。

学分学时： 27 学分，768 学时。

课程类别： 专业素养必修课。

课程简介：《武术套路专项教学训练理论与实践》是武术与民族传统体育专业素养必修课程。本课程的理论讲授内容主要为武术运动概述、拳术和器械基本技法特点、武术套路教学与训练、武术套路竞赛组织与裁判、套路创编和图解知识；技术实践内容主要为第三套国际竞赛套路（拳术与器械）、传统套路以及对练的基本技术与套路。课程目标旨在不断培养学生在教学、创新、科研、裁判和社会实践方面的能力，在巩固、提高运动技能水平的基础上全面、系统地掌握武术理论知识。通过扎实的武术套路运动技能与理论知识，使学生能够针对不同人群开展多层次教学与训练指导，成为适应学校和社会发展需要的专业应用型人才。

二、课程思政育人目标

本课程以武术运动概述、拳术和器械基本技法特点、武术套路教学与训练、武术套路竞赛组织与裁判、套路创编和图解知识等为理论模块，以国际竞赛套路及传统拳术、器械，对练基础和对练套路为技能模块，以教学实践和裁判实践为能力模块，旨在形成系统的武术套路专项理论知识与技能体系。通过本课程的学习，提高学生套路运动技能水平以及教学、训练、执裁等实践能力；锤炼学生拼搏进取、勇攀高峰、团结协助的体育精神；激发学生爱国意识、竞争意识、创新意识，使其德智体美劳全面发展，为建设中国特色社会主义道路贡献力量。

三、课程思政教学与对应知识点设计

《武术套路专项教学训练理论与实践》课程思政教学以“德技兼修”为主线，以“武术基础理论”“运动技能发展”“教学实践能力”为维度，以实现理论与实践、技术与能力、思想与品德的相互转化与融合（表9）。

表9　《武术套路专项教学训练理论与实践》课程思政教学与对应知识点教学设计

<table>
<tr><th rowspan="2">单元模块</th><th colspan="4">知识、技能、能力培养要点</th><th rowspan="2">课程思政融入点</th></tr>
<tr><th>序号</th><th colspan="2">描述</th><th>要求</th></tr>
<tr><td rowspan="5">武术基础理论</td><td rowspan="3">1</td><td rowspan="3">武术运动概述</td><td>1. 武术发展历程与现状
1.1 武术运动发展历程
1.2 武术运动发展现状</td><td>LⅡ</td><td>了解武术运动的发展历程及现状，加深学生对武术运动的认识和理解，增强学生对民族传统文化的认同感和归属感，引导学生树立中国特色社会主义制度自信，做到继往开来、勇于创新、积极努力</td></tr>
<tr><td>2. 武术套路特点
2.1 武术套路运动特点
2.2 武术的价值与功能</td><td>LⅢ</td><td>掌握武术运动的特性，加深学生对中国武术文化、内容等的理解和认识，培养德智体美劳全面发展的社会主义建设者与接班人</td></tr>
<tr><td>3. 武术文化传承
3.1 武术文化内涵
3.2 武术传承与保护方式</td><td>LⅣ</td><td>了解当代武术的生存空间，强化学生对中国传统武术作为“活态文化遗产”的保护意识，促进武术的传承与传播，激发当代大学生传承民族传统体育文化、弘扬民族精神的责任感与使命感</td></tr>
<tr><td rowspan="2">2</td><td rowspan="2">拳术和器械基本特点</td><td>1. 拳术及其基本特点
1.1 拳术的内容分类
1.2 主要拳术的历史演变与风格特点</td><td>SⅢ</td><td>掌握武术拳术的内容分类，了解武术主要拳种的代表人物及其事迹，增强学生对各类武术拳种风格特点的理解，引导学生自觉担当起传承与传播、创新与发展武术的责任意识</td></tr>
<tr><td>2. 器械及其基本特点
2.1 器械的基本分类
2.2 器械的演变、发展与风格特点</td><td>SⅢ</td><td>掌握器械的技法特点，了解器械的由来及其代表人物，提高学生对武术器械的兴趣，提升学生的适应能力以及身体协调能力，激发学生的进取精神，增强学生的竞争意识</td></tr>
</table>

（续表）

单元模块	知识、技能、能力培养要点				课程思政融入点
	序号	描述		要求	
武术基础理论	3	武术套路竞赛组织与裁判	1. 武术竞赛组织与裁判 1.1 武术套路竞赛规则 1.2 武术裁判法	LⅢ	通过对武术套路竞赛规则和裁判法的了解，提高学生的公平公正感，使竞技武术套路不断规范化、标准化、国际化，激发学生的身份认同感，提升规则意识及诚信品德，培养学生做遵纪守法、诚实有信的人
武术基础理论	4	武术套路创编与图解知识	1. 武术套路创编和图解知识 1.1 武术套路创编方法 1.2 武术套路图解知识	LⅢ	在掌握武术套路基本技术和套路演练的基础上，提高学生对武术专项理论的理解和认识，加强学生的自主创编能力和图解能力，培养学生在学习中的反思能力与问题意识，提升学生的整体专业素养和敬业精神
运动技能发展	5	拳术技术实践	1. 长拳 1.1 长拳基本技术动作 1.2 第三套国际武术竞赛套路：长拳	SⅡ	掌握长拳、南拳、太极拳的基本技术动作与技法特点，使学生深入了解各项目的风格特点与文化内涵，增强对武术专项技术的理解和认识，提升学生的应变能力及身体协调能力，在学习过程中培养学生相互学习、共同进步的团结精神和集体意识。同时，通过观察教师在示范过程中的教学与讲解，使学生自主学习武术的教学方法，提升专业技术水平，激发学生发现问题、解决问题的意识与能力
			2. 南拳 2.1 南拳基本技术动作 2.2 第三套国际武术竞赛套路：南拳		
			3. 太极拳 3.1 太极拳基本技术动作 3.2 第三套国际武术竞赛套路：太极拳		

（续表）

<table>
<tr><th rowspan="2">单元模块</th><th colspan="3">知识、技能、能力培养要点</th><th rowspan="2">课程思政融入点</th></tr>
<tr><th>序号</th><th>描述</th><th>要求</th></tr>
<tr><td rowspan="7">运动技能发展</td><td rowspan="7">6</td><td rowspan="7">器械技术实践</td><td>1. 刀术
1.1 刀术基本组合动作
1.2 第三套国际武术竞赛套路：刀术</td><td rowspan="7">SⅡ</td><td rowspan="7">掌握刀术、枪术、剑术、棍术、南刀、南棍、太极剑的基本技术动作与技法特点，使学生深入了解各项目的风格特点与文化内涵，增强对武术专项技术的理解和认识，提升学生的应变能力及身体协调能力，并在学习过程中培养学生相互学习、共同进步的团结精神和集体意识。同时，通过观察教师在示范过程中的教学与讲解，使学生自主学习武术的教学方法，激发学生发现问题、解决问题的意识与能力，培养学生坚韧不拔的意志品质和勇于创新的进取精神</td></tr>
<tr><td>2. 枪术
2.1 枪术基本组合动作
2.2 第三套国际武术竞赛套路：枪术</td></tr>
<tr><td>3. 剑术
3.1 剑术基本组合动作
3.2 第三套国际武术竞赛套路：剑术</td></tr>
<tr><td>4. 棍术
4.1 棍术基本组合动作
4.2 第三套国际武术竞赛套路：棍术</td></tr>
<tr><td>5. 南刀
5.1 南刀基本组合动作
5.2 第三套国际武术竞赛套路：南刀</td></tr>
<tr><td>6. 南棍
6.1 南棍基本组合动作
6.2 第三套国际武术竞赛套路：南棍</td></tr>
<tr><td>7. 太极剑
7.1 太极剑基本组合动作
7.2 第三套国际武术竞赛套路：太极剑</td></tr>
</table>

（续表）

单元模块	知识、技能、能力培养要点				课程思政融入点
	序号	描述		要求	
教学实践能力	7	武术套路教学能力实践	1. 三操汇演 2. 特色课程学习 3. 武术说课展示	LⅡ	通过学习、体验、实践，掌握教学常规和教学组织方法，了解教学全过程。通过展示和说课，体验教学设计、教学方法等，提升教师语言表达能力，注重教师教风教态、师德素养，以及在教学过程中以学生为本，因材施教的能力。引导学生成为有责任感、使命感，能够传递正确价值观的人
	8	裁判员执裁能力培训与实践	1. 裁判员理论培训 2. 裁判员实践操作	SⅢ	通过裁判理论培训，使学生较好地掌握武术套路竞赛规则和裁判法，具有武术套路竞赛裁判工作能力和分析问题、解决问题的能力，同时在裁判实践操作中考查学生理论与实践操作水平，培养学生公平公正的职业道德、认真负责的工作态度、团结互助的良好作风以及遵纪守法的品质

注：“知识、技能、能力培养要点要求”栏中，对于理论知识，“知道”标“LⅠ”，“理解”标“LⅡ”，“掌握”标“LⅢ”，“应用”标“LⅣ”；对于实践/实验技能，“一般掌握”标“SⅠ”，“熟练掌握”标“SⅡ”，“会设计或会教学训练”标“SⅢ”。

四、课程思政教学设计反思

（一）教学设计整体思路

《武术套路专项教学训练理论与实践》是一门集理论与技术实践为一体的专项性较强的课程，其专业目标是培养学生德智体美劳的全面发展；具备现代教育方法与健康理念，系统掌握武术专业知识与技能、基本方法及体育养生与民族民间体育专项教学、训练、竞赛和管理的理论与方法；具有良好的专业素养和传承、传播中国武术文化的能力；培养能胜任本专业教学、训练和健身服务等方面工作的综合应用型人才。

课程以落实“不忘初心，牢记使命”主题教育为目标，推进“三全育人”，提高人才培养质量，旨在结合本专业特色，落实立德树人的根本任务，探索有文化支撑和价值引导的铸魂育人新方式，融道德教育、文化传授、技术讲解为一体，着力突出文化自信，厚植爱国情怀（图7）。

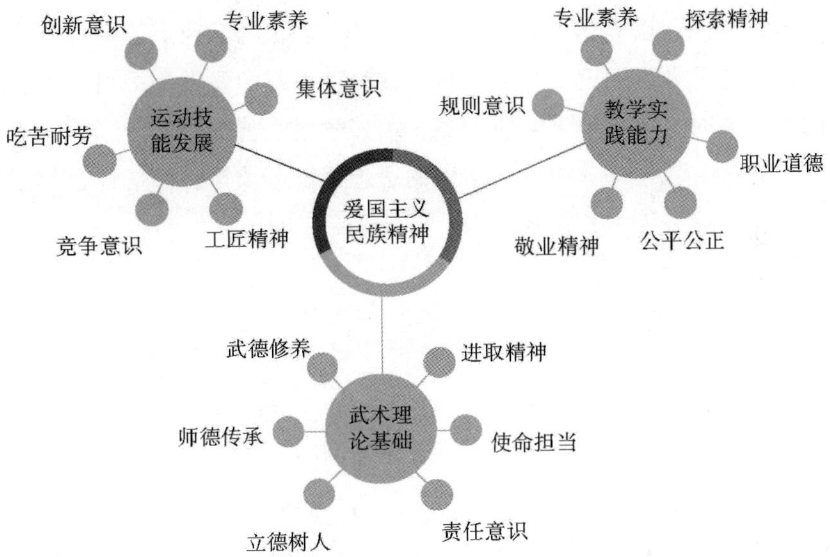

图7　《武术套路专项教学训练理论与实践》课程思政育人逻辑链

（二）育人要素

1．民族精神与武德修养

通过武术理论学习，了解武术的起源与发展，熟知武术代表人物的事迹与成就，激发学生的爱国主义情怀，在学生党员中做好宣传工作，切实发挥党员带头作用，做到与国家同进步，与时代同进步，培养学生的家国情怀；在教学过程中，通过立德树人原则，培养学生积极进取、敢做敢为的意志品质，提升学生的责任意识与使命担当，感受武术前辈的武德修养与师德传承。

2. 工匠精神与技艺传承

通过运动技能的学习和发展，使学生深入了解武术各拳种的风格特点与文化内涵，增强对武术专项理论的理解和认识，培养学生吃苦耐劳、积极上进、永不放弃的意志品质，时刻将武德融入课堂、融入生活之中，并在学习过程中培养学生相互学习、共同进步的团结精神与集体意识，从中体会和感悟民族传统体育文化所蕴含的精神力量，将其作为中国传统文化的瑰丽珍宝不断传承和发扬光大。

3. 敬业精神与实践运用

通过执裁实践，培养学生的业务能力和公平公正的职业道德精神；通过教学实践，注重学生的教学态度、行为。教师在教学过程中要做到因材施教，充分了解学生状态。同时，通过教学实践训练，培养学生吃苦耐劳、爱岗敬业、探索创新的精神；在教育教学环节中培养学生的思想道德追求与爱国情怀，初步掌握技能与意识，培养业务能力和规则意识。

（三）教学方法

一是理论教学与社会实践相结合。理论需要实践的检验，学生也需要在实践中探寻真理。通过学习与掌握课堂中主体教学内容与思政教育的特点、要素，使学生深入了解武术项目的风格特点与文化内涵，激发和培养学生的民族传统体育精神，在实践中不断传承民族传统体育文化，持续增强学生弘扬民族精神的责任感与使命感。

二是线上与线下相结合。线上教学内容严格遵循教材体系，注重理论知识传授的系统性和整体性，结合教材知识点设置若干专题，使学生对课程理论知识进行预习和巩固，分阶段、分内容进行学习与讨论。线下课程注重课堂师生互动，并对教材的核心内容及武术专项技术要点进行重点解析，为学生答疑解惑。将线上教材理论知识、线下武技传授与学生思想实际进行有机结合，在提升教师教学方法多样化运用能力的同时，促进教师建立健全课程思政教育体系，提高学生自主学习与长足发展的能力。

三是校内与校外相结合。校内教学实践是课堂理论知识的直接延伸，但校外教学实践可以更好地让学生在实践过程中接触社会，了解国情民情，培养服务社会、服务人民的意识，通过技术能力展示与裁判员执裁实践，增强社会责任感，培养和锻炼学生公平、公正的职业道德，在实践中走正确的成长道路，提高分析问题、解决问题的能力，全面提高学生的思想素质和人格品德。

（四）教学反思

1. **以武德教育提高文化自信**

武术在不断的发展变化中积累了丰厚的文化底蕴和人文情怀，将武术中所特有的民族精神融入课程教学大纲中，把武术礼仪和武德穿插在教学过程中，让学生从思想和行动上感受武术的文化魅力，培养学生形成正确的人生观、价值观、世界观，不断增强学生的文化自信和民族自信。

2. **以技能传授激发民族精神**

武术训练追求技术动作的精益求精，磨练坚韧不拔的意志品质，将武术中这些思政素材融入《武术套路专项教学训练理论与实践》的培养方案中，进一步培养学生勇往直前、敢打敢拼的进取精神，提升学生的综合素质水平，促进学生全面发展。

3. **以规则研习促进武德实践**

武术规则的改革与创新是武术发展的动力源泉和理论支撑，将武术套路竞赛规则、裁判法与技术实践相结合，培养学生的规则意识，形成诚实守信、公平公正的工作作风。

第六节　《武术散打专项教学训练理论与实践》课程思政教学设计

一、课程基本概况

课程名称：武术散打专项教学训练理论与实践。

教学对象：武术与民族传统体育专业散打方向本科生。

使用教材：《中国武术教程（下册）》（邱丕相主编，人民体育出版社）。

学分学时：27 学分，768 学时。

课程类别：专业素养必修课。

课程简介：《武术散打专项教学训练理论与实践》是武术与民族传统体育专业素养必修课程。本课程主要通过武术散打运动发展、武术散打教学与训练、武术散打竞赛组织与裁判等相关理论知识讲授，武术散打技战术方法等技术实践，以及武术散打教学训练方法与裁判竞赛规则等能力实践，培养学生具备扎实的武术散打运动技能与理论水平，使之成为能够从事武术散打教学训练、开展武术散打竞赛组织与裁判工作，集教学训练能力、科研与社会实践能力于一体的复合应用型人才。

二、课程思政育人目标

本课程以武术散打运动概述、武术散打教学与训练方法、武术散打竞赛组织为知识模块，以武术散打基本技术、武术散打技战术运用为技能模块，以教学训练、竞赛组织等为能力模块，以自练与对练相结合的形式开展教学与训练实践，使学生形成系统的武术散打专项理论知识与技能体系。通过课程学习，提高学生武术散打运动技能，培养学生武术散打教学、训练、执裁等实践能力；锤炼学生坚韧顽强、拼搏进取的意志品质，使之养成正确的竞争意识和良好的合作精神、继承和发扬民族传统体育及其精神的责任意识。

三、课程思政教学与对应知识点设计

《武术散打专项教学训练理论与实践》课程思政教学主要以“综合育人”为主线，以“理论知识”“运动技能”“教学实践”为维度，实现理论知识、运动技能、实践能力和思想政治教育的有机融合（表 10）。

表 10　《武术散打专项教学训练理论与实践》课程思政教学与对应知识点教学设计

单元模块	知识、技能、能力培养要点				课程思政融入点
	序号	描述		要求	
理论知识	1	武术散打运动概述	1. 散打的名词概念及分析 1.1 古代“搏”字含义及演变 1.2 散手一词的使用及沿革 1.3 武术徒手格斗项目名称的论证	LⅡ	了解“武术散打”这一名词的由来，以及武术散打是武术实战技击的分支，改变“武术只能表演”的固有认识，建立对中国传统武术的正确定位，培养学生勇于拼搏的大无畏精神气魄，增强民族自尊心和自信心
			2. 现代散打运动发展简况 2.1 十年实验阶段 2.2 快速发展阶段 2.3 积极开拓国内外武术市场阶段	LⅢ	深入了解现代武术散打的发展历程，把握武术散打运动本质属性，为教学教法、训练方式设计奠定基础，引导学生建立扎实的武术散打基础理论
			3. 散打的特点与礼仪 3.1 散打特点 3.2 散打礼仪	LⅣ	通过对武术散打特点与礼仪的学习，理解格斗与仁义谦让、武德与爱国精神等中华传统民族精神的融合，以及新时代下武术散打践行的价值观意义；促成学生“仁义为纲”“武不犯戒”等武德修养的养成，引导学生养成仁义谦让、内外合一的君子之气

（续表）

<table>
<tr><th rowspan="2">单元模块</th><th colspan="3">知识、技能、能力培养要点</th><th rowspan="2">课程思政融入点</th></tr>
<tr><th>序号</th><th>描述</th><th></th><th>要求</th></tr>
<tr><td rowspan="5">理论知识</td><td rowspan="3">2</td><td rowspan="3">武术散打教学设计</td><td>1. 教学设计原理
1.1 教学对象基本情况分析
1.2 教学内容分析
1.3 教学时数分析</td><td>SⅢ</td><td>掌握武术散打教学的基本规律和逻辑顺序，由简到繁、由易到难、由原地动作到移动动作，以及由单一动作到组合运动的过程，合理安排教学单元、教学内容和教学时数</td></tr>
<tr><td>2. 课的设计与课时计划
2.1 课的设计
2.2 课时计划</td><td>SⅢ</td><td>根据课时计划设计课程，合理安排课时结构，按照“三段式”结构分配时间和内容</td></tr>
<tr><td>3. 说课的设计
3.1 说课的要素
3.2 说课的策略</td><td>SⅢ</td><td>通过学习掌握说课要素和基本内容，将个人备课、上课实践与教学反思紧密结合，能够自行设计说课案例。加强学生业务能力，促成学生爱岗敬业与钻研创新精神的养成</td></tr>
<tr><td>3</td><td>武术散打训练方法</td><td>1. 武术散打的体能训练
2. 武术散打的技能训练
3. 武术散打的战术训练
4. 武术散打的心理训练</td><td>LⅢ</td><td>掌握武术散打训练基本原理与方式方法，了解该项目的训练学特征，能够科学有效地组织武术散打训练，既满足各级学校武术散打训练课的需求，也满足各运动队训练课需求，通过训练课的设计学习，提升业务能力，促进“教”与“练”的共同发展</td></tr>
<tr><td>4</td><td>武术散打竞赛组织</td><td>1. 武术散打竞赛组织
2. 武术散打竞赛规则
3. 武术散打竞赛裁判</td><td>LⅢ</td><td>掌握武术散打竞赛的组织、裁判以及规则，了解武术散打的竞赛发展现状，能够根据所学竞赛知识组织开展小型武术散打赛事，为今后在教学中开展“学”“练”“赛”提供规则支撑。通过对竞赛规则的学习，提升业务能力、树立规则意识、养成诚信品德</td></tr>
</table>

（续表）

<table>
<tr><th rowspan="2">单元模块</th><th colspan="4">知识、技能、能力培养要点</th><th rowspan="2">课程思政融入点</th></tr>
<tr><th>序号</th><th colspan="2">描述</th><th>要求</th></tr>
<tr><td rowspan="4">运动技能</td><td>5</td><td>武术散打单个技术</td><td>1. 单个技术
1.1 实战姿势（预备姿势）
1.2 基本拳法
1.3 基本腿法
1.4 基本摔法
1.5 基本步法
1.6 基本防守法
1.7 基本跌法</td><td rowspan="3">SⅡ</td><td rowspan="3">通过学习，熟练掌握武术散打单个技术及其教学与训练方法，增强学生对武术散打技术的理解和认识，在巩固提升学生技能水平的同时，注重培养学生精益求精的工匠精神以及相互学习、共同进步的团结精神和集体意识。通过观察教师在教学过程中的示范与讲解，培养学生自主学习能力，提升专业技术水平，培养学生发现问题、解决问题的意识与能力</td></tr>
<tr><td>6</td><td>武术散打组合技术</td><td>1. 组合技术
1.1 拳法组合
1.2 腿法组合
1.3 拳腿组合
1.4 拳摔组合</td></tr>
<tr><td>7</td><td>武术散打应用技术</td><td>1. 主动进攻型技术
2. 防守反击型技术</td></tr>
<tr><td>8</td><td>技术教学实践</td><td>1. 武术散打各类技术教学讲解实践
2. 武术散打教学实践模拟上课</td><td>SⅢ</td><td>考察学生武术散打教学知识的综合运用、表现与表达等能力。通过教学实践达到育人目的：一是业务能力的查漏补缺。主要包括动作是否规范准确，教学设计是否合理有效，语言表达是否准确清晰，能否运用所学知识进行纠错、评判、自我反思等。二是敬业精神。主要包括教姿教态是否自信得体，备课是否充分，是否传递正确的价值观等</td></tr>
</table>

（续表）

单元模块	知识、技能、能力培养要点				课程思政融入点
	序号	描述		要求	
理论知识	9	技术训练实践	1. 武术散打各类训练讲解实践 2. 武术散打训练实践模拟带队	SⅢ	考察学生武术散打训练知识的综合运用、表现与表达等能力。通过训练实践达到强身育人目的：一是业务能力的查漏补缺。主要包括动作是否规范准确，训练设计是否合理有效，方式方法是否科学适合，能否运用所学知识进行纠错、评判、自我反思等。二是敬业精神。主要包括教姿教态是否自信得体，备课是否充分，是否传递正确的价值观等

注：“知识、技能、能力培养要点要求”栏中，对于理论知识，“知道”标“LⅠ”，“理解”标“LⅡ”，“掌握”标“LⅢ”，“应用”标“LⅣ”；对于实践/实验技能，“一般掌握”标“SⅠ”，“熟练掌握”标“SⅡ”，“会设计或会教学训练”标“SⅢ”。

四、课程思政教学设计反思

（一）教学设计整体思路

《武术散打专项教学训练理论与实践》是一门理论紧密结合实践的课程，其专业目标主要有三：一是培养体育师资武术散打项目的教学素养；二是培养学生武术散打运动队的带队能力；三是培养一批武艺高强、品德高尚、勤政爱民、保家卫国的武警或特警公务员。武术散打植根于中国，本身就具有深厚的文化底蕴和典型的思政功能。因此，课程既要结合学校武术散打教学内容与实际，也要考虑各水平武术散打运动队的训练内容与实际情况，以培养学生成为有理想信念、有道德情操、有扎实学识、有仁爱之心的新时代“四有好老师”为育人目标的同时，不断开拓创新，为社会培养一批高素质的武术散打教练员和国家公务人员。

课程以武德素养的培养为灵魂，以理论知识、运动技能、能力实践为主线，通过对相应知识点、技能点、能力点的思政要素梳理，潜移默化地植入思政价值要素。通过多维度的教学方法与训练方式，达到知识与技能传授、能力培养与价值引领统一的课程思政育人目标（图8）。

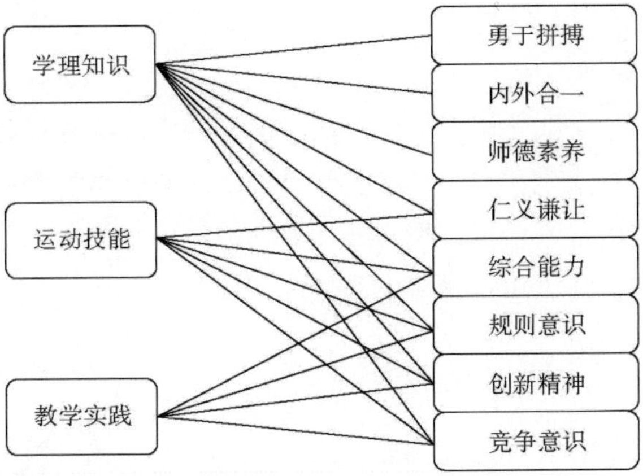

图8　《武术散打专项教学训练理论与实践》课程思政育人逻辑图

（二）育人要素

1. 德艺兼修

通过武术散打的习练，让学生了解中国武术技击中蕴含的文化精神。散打讲究“内外合一”，其中“内”是指心、神、意等心智活动和气息活动。如果一个人只懂得较力斗勇、较野斗蛮，那他永远也不会领略到武术的上乘境界，他的技术也不可能得到有效提高。有明确的精神追求才会有向上的思想境界。对理想的追求也是悟道的实践，可以在较高层次上陶冶身心、锻炼意志，培养忍耐、克己、友爱、担当的精神。师德师风是高素质教师的内在要求和重要保证，作为学生新时代的“四有引路人”，“内外合一”是践行引路人的基本，“行正德高”是落实引路人的必备，所以武术散打既是个人身心一致的方式，也是新时代师德内涵养成的载体。

2. 使命担当

通过武术散打相关理论知识的学习，让学生了解武术散打由传统武术中分离提取、理论研究、实践验证、试行完善、成型推广的发展历程，以及武术散打技术体系的变迁，树立民族传统文化的认同感和自信感，传承与发展武术散打的使命感和责任感。同时，通过熟知武术散打教学训练内容，有效开展武术散打教学训练课，组织武术散打竞赛，丰富专业能力，加强综合素质，培养综合性人才，以适应教师与教练员等不同职业的需求。

3. **精益求精**

通过教学与训练实践，培养学生对武术散打教学方法与设计、训练方法与实施运用的能力，注重学生在教学训练实践过程中的态度与行为，强调以实践教学为依托的严谨求实之工匠精神，提升教学与训练的反思能力与创新精神，以及教育教学环节中所蕴含的思想道德追求与爱国情怀。

（三）教学方法

1. **理论教学与实践设计相结合**

首先要注重理论知识的教授，理论授课内容尽量条理清晰；其次是教学训练实践要紧贴实际，突出重点、难点。同时要具体情况具体分析，依据课程主体教学内容和思政要素特点，以对练或小组形式开展课堂教学。教师在这一过程中主要担任引导者、观察者、答疑者等角色，旨在锻炼学生的理论与实践结合能力，达到会学、会教、会练的学习目标，激发学生自主能动性，让学生能更加自主、自信地参与到学习与教学训练实践中。

2. **启发式教学方法**

教师在整个授课环节中，要善于提出问题，引导学生树立问题意识，引发学生自主思考，给学生留足充分的思维空间。比如，课程借助于多线综合平面设计方案的评价，给学生几种教学训练设计方案，分析出几种方案各自存在的优、缺点，启发学生做出科学、合理的教学训练设计方案。

3. **定期举行教学训练课堂比赛**

有竞争才会有动力，安逸的环境容易使人懒惰，应定期举行教学训练比赛，这样不仅可以鼓励新生向有经验的同学学习，努力上进，而且有经验的学生也会不断督促自己更加努力。学生在比赛中学会学习，善于学习。定期比赛，为学生提供了在合作中竞争，在竞争中合作的机会。竞争与合作是对立统一的，这样既培养了学生的竞争意识，挖掘其潜力，又加强了学生的合作意识，增强团队与集体的凝聚力，彰显集体力量。

4. 教学训练课堂走出去

实践是检验真理的唯一标准，对于教师所教授的内容，大部分学生停留在了解掌握阶段，要真正达到对技能与知识的熟练运用，教学训练课堂应该走出校园。可与各级学校和运动队建立实习机制，增加学生的课堂实践机会，这样既能让学生真心体会到教师所肩负的责任与使命，也能提升专业素养，增强专业认同。

（四）教学反思

（1）专业知识与技能的教授是课程思政融合点，但这种融合不能走形式、简单地浮于表面，而要挖掘专业知识与技能所蕴含的思政价值，并在专业知识与技能的传授中，潜移默化地注入思政教育，使思政教育“活”起来，既能培养学生的职业技能，也能树立学生正确的价值观。

（2）授课教师要加强思政素质。教师作为课堂思政教学的主导者，在实际的教学育人过程中起到十分重要的作用。在开展思政教育之前，教师要先提高自身的思政水平，学习与思政相关的知识，进一步提高自己的育人能力。不仅如此，在实践教学过程中，教师要尽可能地满足学生的学习需求，做好充足的课前准备工作。课程思政作为一个全新的育人模式，比单纯的教学训练难度更高，对教师育人水平的要求也更高。因此，教师不仅要具备较强的教学能力，还要掌握课程思政融合的技巧，时刻了解学生的技能水平与思想动态，既要精于“授业”和“解惑”，更要以“传道”为责任和使命，时刻心系国家和民族，不忘所肩负的国家使命和社会责任。

第七节　《武术养生专项教学训练理论与实践》课程思政教学设计

一、课程基本概况

课程名称：武术养生专项教学训练理论与实践。

教学对象：武术与民族传统体育专业养生与民间体育方向本科生。

使用教材：《传统体育养生教程》（高等教育出版社）。

学分学时：27 学分，768 学时。

课程类别：专业素养必修课。

课程简介：本课程主要学习健身气功、太极拳械、传统拳术、舞龙舞狮等传统养生功法及民族民间体育运动项目，辅以竞技武术套路和散打学习。在教学的基础上，组织训练和提高学生武术养生专项基本素质和技能。通过讲授各项目历史源流及功法、技法特点，组织专项教学与训练，开展竞赛，组织裁判学习与实践，引导功法创编和图解知识解析。在进一步巩固、提高学生技术水平的前提下，促使学生系统地掌握传统体育养生及民间体育的教学及训练、理论与方法，全面提高专项技能水平，培养创新精神，提升对传统养生文化内在精神的系统认识和深刻理解，增强学生的文化自信，养成主动传承和传播中国优秀传统文化的自觉意识。

二、课程思政育人目标

本课程通过健身气功、太极拳械、传统拳术、舞龙舞狮等传统养生功法及民族民间体育运动项目知识模块、技能模块、实践模块和思政模块的学习与训练，将“知古今—练养术—修身心—传中脉”的课程理念融入其中，采用课堂讲授、技术教学、技能训练、实践操作、项目竞赛和对分课堂、小组展示、过程评价和课外自学等形式，使学生掌握传统体育养生及民间体育的教学训练理论与实践知识，全面提高专项技能水平。在把握教学的传统与现代、经验与科学、认知与践行的基础上增强学生的传承意识、创新意识和责任意识，使学生具有传统体育养生及民间体育的教学训练能力、社会指导能力、组织传播能力和实践创新能力。

三、课程思政教学与对应知识点设计

《武术养生专项教学训练理论与实践》课程思政教学以“知古今—练养术—修身心—传中脉”为理念，坚持培养融“价值、知识和技能”一体的武术养生专业人才，在内容设计上重点兼顾传统与现代、经验与科学、德育与才育、理论与实践等方面，从纲、目、科三个层面规划内容板块，提炼思政要点。通过多维知识传授、专业技能训练和精神价值启发，实现专业育人立德目标（表 11、表 12）。

表 11　《武术养生专项教学训练理论与实践》课程思政教学与理论内容对应知识点教学设计

知识要点描述			要求	课程思政融入点
纲	目	科		
健身气功理论	健身气功概述	健身气功概念	LⅡ	把握传统养生文化历史；以历史唯物主义观点理解古今养生文化流变；正确认识传统与现代关系；培养对历史优秀文化及其创造者的敬畏和崇敬之心
		健身气功的历史渊源	LⅣ	
		健身气功的练功要素	LⅡ	在中国传统哲学基础上深刻理解中国身体技术的独特性和内在魅力，辩证地看待民族与世界的关系，树立正确的人生观和世界观
		健身气功的锻炼要领	LⅡ	
		健身气功的传统理论基础	LⅢ	进一步掌握健身气功形成和发展的内在逻辑，培养学生对中国传统文化内在丰富性、多样性的认识兴趣，激发学生深厚的家国情怀与传播传承优秀传统文化的责任意识
		健身气功的教学与训练方法	LⅡ	理解健身气功教学与训练原理；掌握基本教学与训练方法；提高学生对健身气功技术特征的认识及发现问题和解决问题的能力
		健身气功的竞赛组织与评判	LⅠ	在认识健身气功竞赛特点的基础上，掌握健身气功比赛的规则，竞赛组织的方法，培养学生公正诚信的执裁意识
		健身气功的科研方法与现状分析	LⅢ	使学生了解健身气功研究的基本现状和方法，树立科学意识，学会用科学的方法探讨健身气功内在规律，进一步激发创新精神和传承本民族身体文化的责任感
太极拳理论	太极拳概述	太极拳的概念	LⅡ	明确太极拳是什么，太极拳的内涵及发展演变，深刻认识太极拳内在的价值追求、思维方式和操作路径，掌握太极拳独特的思想文化和练习方法，培养学生对中国文武之道的向往，引导学生对中国武术文化中厚德载物、养浩然正气的精神追求
		太极拳的简史	LⅣ	
		太极拳的文化	LⅣ	

（续表）

知识要点描述			要求	课程思政融入点
纲	目	科		
太极拳理论	太极拳概述	主要流派太极拳的风格特点	LⅡ	通过对太极拳不同流派的发展、演变及技术特点的梳理和介绍，使学生认识和掌握不同流派太极拳的共性和个性，培养学生辩证唯物主义的哲学观，树立文化自信，坚定继承传统、创新发展的思想
		太极拳的教学与训练	LⅡ	掌握太极拳独特的教学与训练方法，培养学生发现和解决问题的能力，提升学生努力提高技能水平的专业意识和竞攀精神
		太极拳的竞赛组织与评判	LⅠ	了解太极拳竞赛规则和竞赛组织方式，培养体育公平公正竞赛的道德品质，遵守尊重裁判、尊重对手的礼仪规范
		太极拳的科研方法与现状分析	LⅢ	了解太极拳的基本科研方法和研究现状，厘清太极拳经验体悟和科学研究之间的关系，开阔学生的专业视野，培养学生综合素养，增强民族文化自信和创新精神

表 12　《武术养生专项教学训练理论与实践》课程思政教学与实践内容教学设计

技能与教学实践要点			要求	课程思政融入点
纲	目	科		
健身气功功法	5 套健身气功普及功法	健身气功·易筋经	SⅡ	掌握健身气功功法的技术要领和方法，强化技能水平，培养学生形神兼备、内外合一的气质，使学生在体悟中一统身心，培育大学生健康的价值观，增强文化自信
		健身气功·五禽戏	SⅡ	
		健身气功·六字诀	SⅡ	
		健身气功·八段锦	SⅡ	
		健身气功·马王堆导引术	SⅡ	

（续表）

技能与教学实践要点			要求	课程思政融入点
纲	目	科		
太极拳械	4种太极拳和太极剑	杨式太极拳 42式太极剑	SⅡ	掌握太极拳（剑）技术方法和要领，提高演练水平，使学生在践行中养浩然之正气，做到以德为先、诚心敬意、知行合一
		陈式太极拳	SⅡ	
		吴式太极拳	SⅡ	
		孙式太极拳	SⅡ	
传统武术拳械	3个拳种和器械	华拳和十二路弹腿	SⅡ	掌握传统武术的方法和劲力特点，提高技能水平，在践行和训练中，增强“修身、齐家、治国、平天下”的家国情怀意识，培养爱国主义精神
		形意拳	SⅡ	
		八卦掌	SⅡ	
		南棍	SⅡ	
其他技术	教学实践	传统武术、太极推手、太极拳和健身气功的教学实践	SⅠ	在实践操作中，学会设计、组织教学与竞赛，开展教学、健康指导和竞赛活动，提高专业实践操作能力，提升社会责任感，增强传统文化传承的自觉性和创新意识
	组织竞赛	传统武术、太极推手、太极拳和健身气功的组织竞赛	SⅠ	
	观摩实践	街道社区、俱乐部、康养中心、学校等指导实践	SⅠ	
身体素质	专项素质	*正压腿、横叉、丢沙包、下蹲正踢、抖大杆、马步、*盘坐/站桩、*控腿	SⅡ	提高身体素质水平，培养刻苦训练、勇于竞攀的精神，塑造明德尚行、自强不息的意志品质
	一般素质	12分钟跑、*立卧撑、*指卧撑	SⅡ	

注：“要求”栏中，对于理论知识，“知道”标“LⅠ”，“理解”标“LⅡ”，“掌握”标“LⅢ”，“应用”标“LⅣ”；对于实践/实验技能，“一般掌握”标“SⅠ”，“熟练掌握”标“SⅡ”，“会设计或会教学训练”标“SⅢ”；身体素质带*号者，每学期必测。

四、课程思政教学方法设计

（一）教学设计整体思路

本课程始终贯穿“知古今—练养术—修身心—传中脉”的课程理念，将课程思政点有机地融合在每堂课的教学内容中，通过教与学环节，突出教学手段和方法的设计与运用，明确育人与育才、教学与训练、传授与学习、知识与能力、课上与课下以及过程与评价之间的关系，灵活应用启发法、讨论法、讲解示范法、练习法、演示法、实践法、评价法等方法，采用对分课堂、小组展示、比赛训练、过程评价和课外自学等形式，实现“价值—知识—技能”专业人才的塑造。

（二）育人要素与教学方法

1. 育人与育才

依据课程理念，把握课程特征和教学目标，通过对课程内容的分析，凝练课程思政点。课堂采用启发式教学，提出要求和问题，在内容教学中以学生个人、小组为单位进行学习、练习、讨论、解答和设计，教师不断采用引导、评价、正误对比、赏析等方式实现在育才中育人，并将德育和礼仪教育贯穿于课堂始终。

2. 教学与训练

本课程是专业技能水平提升的核心课程，教学重在通过教师的言传身教，引导学生观察、启发学生思考，并通过组织学生进行集体、小组、个人练习展示或比赛的方式，实现技能水平的提高。在教学中强调礼仪规范、动作正确、劲力顺达，培养学生发现问题、解决问题的能力。在训练中善于鼓励学生，促使养成克服困难、自强不息、勇于竞攀的精神。

3. 传授与学习

激发学生主动学习的积极性是课程难点，也是真正实现课堂教学改革的关键。对分课堂、翻转课堂在专业理论教学和实践教学中发挥着重要作用，教师通过作业、专题、导入、解惑、评价等方式，引导学生投入课程的教学内容，在收集资料、设计构想、个人展示、小组讨论和竞赛组织、社区指导中提升专业能力，塑造精神品质。

4．课上与课下

课上始终是教学目标达成的关键部分，技术的熟练与技能水平的提高，离不开“拳练千遍，其法自现”的磨练和体悟过程，教师通过课堂讲解示范、练习与纠错、正误对比等方法明确动作规范和要领；课下学生通过练习、线上学习、教学实习和社会实践等形式，提升技能的同时增强社会责任感和使命感。

5．过程与评价

评价是检验教学目标达成的关键环节，也是发现问题和改革教与学模式的重要因素。由于学生基础不同、学习过程中努力程度不同，为了实现因材施教和教育的公平公正原则，过程评价就显得尤为重要。本门课程采用阶段技术评定、课堂作业展示评价、小组主题设计与展示、课后作业和实践评价、课堂礼仪规范评价、课后知行合一评价等形式进行过程考核，终结性评价主要通过学期专业会考、毕业专业考试、校园锦标赛成绩和理论考试、社会实践考核等方式，目的是培养学生正确认识自我、评价自我的能力。

第八节　《武术》课程思政教学设计

一、课程基本概况

课程名称：武术。

教学对象：武术与民族传统体育专业、体育教育专业、运动训练专业本科生。

使用教材：《中国武术教程（上册）》（邱丕相主编，人民体育出版社）。

学分学时：2 学分，64 学时。

课程类别：专业素养必修课、专业素养选修课。

课程简介：《武术》是武术与民族传统体育专业选修、体育教育专业与运动训练专业素养必修课程，是体育师资素养实践课程之一。主要培养学生掌握中小学《体育与健身》教材中的武术教学内容，使之具备学校武术教学的相关理论知识和教学实践能力，养成武德规范，提升师德修养。

二、课程思政育人目标

本课程以学校武术教育概述、学校武术教学设计、学校武术竞赛组织、武术运动技能等级标准为知识模块，以武术基本技术、中小学武术套路为技能模块，以教学实践为能力模块，以小组形式开展自学与教学实践，培养学生掌握武术项目基础运动技能，使之具备武术课的设计、组织和教学能力，以及在武术教学实践中发现问题和解决问题的能力；培育学生武德修养和师德行为规范，增强学生对中国民族传统体育项目的认同感和荣誉感，树立传承和发展中国民族传统体育项目的使命感与责任感。

三、课程思政教学与对应知识点设计

《武术》课程思政教学主要以“综合育人”为主线，搭建“学理知识”“运动技能”“教学实践”三个维度，实现知识点、技能点、能力点和思政点的有机融合（表13）。

表13 《武术》课程思政教学与对应知识点教学设计

单元模块	知识、技能、能力培养要点				课程思政融入点
	序号	描述		要求	
学理知识	1	学校武术教育概述	1. 学校武术教育发展 1.1 学校武术教育发展历程 1.2 学校武术教育发展现状	LⅡ	了解学校武术教育发展过程中的不同阶段，增强学生对民族传统体育项目的认同感和荣誉感，树立传承和发展民族传统体育项目的使命感与责任感，引导学生成为一名有理想信念的教师

（续表）

单元模块	知识、技能、能力培养要点				课程思政融入点
	序号	描述		要求	
学理知识	1	学校武术教育概述	2. 学校武术教学内容 2.1 学校武术教学特点 2.2 学校武术教材内容	LⅢ	掌握学校武术教学的独特性，熟悉全国应用广泛的中小学《体育与健康》中关于武术的内容，把握其共性特征，为分析教材教法奠定基础，引导学生成为一名有扎实学识的教师
			3. 中华武德与校园武术礼仪 3.1 中华武德内涵 3.2 校园武术礼仪规范	LⅣ	通过对中华武德内涵的了解，理解武德与浩然正气、武德与爱国精神等中国传统价值观的统一，以及新时期武德践行的意义；学习校园武术礼仪规范，实现“知行合一”，促成教师师德修养的养成，引导学生做一名有道德情操和仁爱之心的教师
	2	学校武术教学设计	1. 单元教学设计 1.1 单元教材教法分析 1.2 单元教学目标 1.3 单元学习活动设计	SⅢ	掌握学校武术单元教学设计的主体内容，培养爱岗敬业的钻研精神（对教材教法的深入理解与分析）和创新精神（学习活动的设计与拓展），理解中小学武术教学目标，能够进行合理的单元教学设计
			2. 课的设计与课时计划 2.1 课的设计 2.2 课时计划	SⅢ	掌握学校武术课的设计与课时计划要素，能够合理设计课时计划，培养爱岗敬业的工作态度（对教学内容、授课对象的分析与反思）、创新精神（能够根据不同学龄段学生的特点进行教学设计），树立平等观念（富有爱心、细心和耐心，尊重学生的独立人格和个体差异），引导每一位学生在武术学习中“享受乐趣、增强体质、健全人格、锤炼意志”

（续表）

单元模块	知识、技能、能力培养要点				课程思政融入点
	序号	描述		要求	
学理知识	2	学校武术教学设计	3. 模拟上课的设计 3.1 模拟上课的要素 3.2 模拟上课的策略	SⅢ	掌握模拟上课的设计要素和策略，能够自行设计模拟上课案例，加强学生业务能力的提升，注重敬业精神的养成
	3	武术运动技能等级标准	1. 运动技能测试组织 2. 运动技能测试内容 3. 运动技能测试标准	LⅢ	掌握武术运动技能等级的测试内容与测试标准，了解该项目的社会发展特征，能够组织开展武术运动技能的等级测试，既为课堂教学提供技术素材支撑，也为武术技术达标提供理论支撑。通过学习，提升学生业务能力以及诚信品德
	4	学校武术竞赛组织	1. 武术竞赛组织 2. 武术竞赛规则 3. 武术竞赛裁判	LⅢ	掌握学校武术竞赛的组织方式和裁判、竞赛规则，了解该项目的竞赛发展现状，能够根据所学竞赛知识组织开展小型的学校武术赛事，为今后在教学中开展“学”“练”“赛”提供规则支撑。通过学习，提升业务能力、规则意识及诚信品德
运动技能	5	学校武术基本动作	1. 手与步 1.1 手型手法 1.2 步型步法 2. 腿法与平衡 2.1 腿法 2.2 平衡 3. 滚翻与跳跃 3.1 滚翻 3.2 跳跃 4. 拳术组合动作 4.1 徒手组合 4.2 对练组合	SⅡ	熟练掌握学校武术基本动作技能，以及教师在示范过程中的步骤方法与技法要点，讲解过程中的语言表达和术语运用，组织练习中的口令运用，以及纠正易犯错误时的训练方法 同时，提升学生在学习过程中的沟通交流能力、商讨互鉴能力；培养学生在学习中的反思能力，形成问题意识

（续表）

单元模块	知识、技能、能力培养要点			课程思政融入点
	序号	描述		要求	
运动技能	6	小学武术套路	五步拳	SⅡ	掌握五步拳技能，以及教师在示范过程中的步骤方法与技法要点，讲解过程中的语言表达和术语运用，组织练习中的口令运用，纠正易犯错误时的训练方法等。在此过程中注意提升学生相互交流学习的能力
	7	初中武术套路	1. 十步拳 2. 少年连环拳 3. 短棍	SⅡ	掌握初中武术套路技能，以及教师在示范过程中的步骤方法与技法要点，讲解过程中的语言表达和术语运用，组织练习中的口令运用，纠正易犯错误时的训练方法等。引导学生养成相互借鉴提升的能力和意识
	8	高中武术套路	1. 新编长拳 2. 24 式太极拳	SⅡ	掌握高中武术套路技能，以及教师在示范过程中的步骤方法与技法要点，讲解过程中的语言表达和术语运用，组织练习中的口令运用，纠正易犯错误时的训练方法等。在交流、借鉴的基础上，培养学生的反思能力和问题意识
教学实践	9	优质展示课观摩	1. 观摩小学武术教学优质课 2. 观摩初中武术教学优质课 3. 观摩高中武术教学优质课	LⅡ	通过观察学习，了解不同学段学生的生理特征和心理特征，学习优质课中教师在课堂教学组织、教学指导等方面的专业精神、耐心的教学态度、严谨合理的教学设计等，进而提升自身的教学实践能力，以及专业敬畏感、责任感

（续表）

单元模块	知识、技能、能力培养要点			课程思政融入点
	序号	描述	要求	
教学实践	10	技术教学实践	1. 基本动作教学讲解实践 2. 套路教学实践模拟上课	SⅢ	考察学生知识与技能综合运用、表达能力的发展，通过教学实践达到育人目的。一是业务能力的查缺补漏，例如，动作是否规范准确，教学设计是否合理有效，语言表达是否准确清晰，能否运用所学知识进行纠错、评判、自我反思等。二是敬业精神，比如，教姿教态是否自信得体，备课准备是否充分，是否传递正确的价值观

注：“知识、技能、能力培养要点要求”栏中，对于理论知识，“知道”标“LⅠ”，“理解”标“LⅡ”，“掌握”标“LⅢ”，“应用”标“LⅣ”；对于实践/实验技能，“一般掌握”标“SⅠ”，“熟练掌握”标“SⅡ”，“会设计或会教学训练”标“SⅢ”。

四、课程思政教学设计反思

（一）教学设计整体思路

《武术》是一门实践性很强的课程，其课程目标是培养武术项目体育师资的专业素养。武术本身就含有丰富的思政内涵，因此，课程在遵循教育部“中学教育专业认证标准”“体育类教学质量国家标准”的基础上，结合中小学武术教学内容和实际，从新时期师德内涵之“师之重、师之道、师之责”出发，以如何成为“四有好老师”为育人目标，展开教学设计。

课程以“三维十项”教学内容为育人载体，首先梳理出对应知识点、技能点、能力点的思政价值要素，其次合理设计思政要素实施的切入点，拓展知识、技能、能力相关思政要素内涵的广度、深度和温度，最后通过多元化的教学手段和方法，传授知识与技能，注重能力培养与价值引领，实现课程育人目标（图9）。

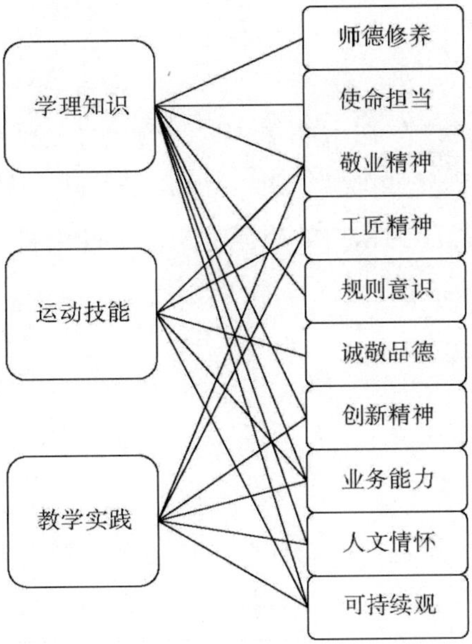

图9 《武术》课程思政育人逻辑链

（二）育人要素

1. 技艺与人格

通过学校武术技能的习得，让学生了解中国武术技术中蕴涵的文化精神。如武术谚语有“低头猫腰，拳术不高”，武术基本功中的弓、马步要求“顶平、肩平、腿平、心平”（顶不平无以使头正，头不正则目不能平视；肩不平则说明骨力不匀；腿不平则下肢骨力不坚；心不平则力难持久），都是强调技术动作要身正型范、撑拔舒展。以师德修养来讲，作为未来的教师——学生的引路人，身正与学高两者皆为必须，因此，对武术技术规范的严格要求，有助于师德修养的塑造。

2. 职业与使命

通过学校武术等相关理论知识的学习，让学生了解学校武术的教育目标，树立民族传统文化的认同感和荣誉感、传承与发展武术的使命感和责任感。同时，通过掌握学校武术教学设计、学校武术运动技能等级评价标准，以及武术套路竞赛组织与裁判规则，奠定学生业务能力基础，培养诚信品质和规则意识。

3. 能力与责任

通过教学实践，培养学生对中小学武术课的教材分析与教学设计能力，教学实施、评价与反思能力，注重教学态度、行为以及作为教师关注个体差异的能力。同时，塑造以实践教学为依托的严谨求实的工匠精神与团队合作精神、教材分析与教学设计为支撑的创新精神，厚植爱国主义情怀，提升“以体育人”的意识与技能。

（三）教学方法

一是学与教的转换。根据课程主体教学内容和思政要素特点，以小组形式开展课堂教学，教师在这一过程中主要发挥引导、观察、答疑、启发等作用，旨在培养学生的角色转换能力，让学生能更加主动、自信地参与到学习与教学实践中。

二是课堂走向实地。课堂主要实现知识与技能的获取，课堂之上的技能学习、教学模拟与讨论，都是专业素养和认同的基础，但在情感上，却达不到真实情境的教学效果。观摩中小学武术优质课，从课堂走向实地，不仅是教师教学技能的实地学习，更是教师责任感、使命感的真切感受。

三是混合式教学形式。线上设有课程资源库，方便学生课前预习、课后复习，教学团队教师定时进行互动答疑、热点讨论等；线下主要围绕课堂技术实践与知识答疑进行教授、讲解与小组讨论。混合式教学方式不仅可以督促教师以问题为导向，建立网络与课堂互动机制，提升教师运用新媒体、新技术形成自己的教育方法体系的能力；同时还可以拓展学生的学习空间，增加学习的弹性时间，加强学生自主学习和可持续发展的能力。

（四）教学反思

一是始终强化价值引领。从武德内涵到师德修养，从工匠精神的技能要求到职业素养的能力要求，充分彰显“知识传授、能力培养与价值引领结合”的课程教学理念，通过“以体载德”的形式实现专业知识、技能与课程思政的无缝对接。

二是立足课堂，注重效果。课堂是思政教育的主阵地，教师在课程教学设计中，应该不断丰富教学方式，既要符合教学原理与规律，也要适应当代学生的话语特质与思维方式，激励学生在学习体悟中积极参与、主动思考，从而实现认知、情感、理性与行为认同，通过显性多元的教学方式达到潜移默化的德性教育目标。

第九节　《太极养生》课程思政教学设计

一、课程基本概况

课程名称：太极养生。

教学对象：各专业本科生。

使用教材：《四式太极拳竞赛套路》（中国武术研究院编，人民体育出版社）。

学分学时：1 学分，32 学时。

课程类别：通识课。

课程简介：《太极养生》是武术与民族传统体育专业、体育教育专业、运动训练专业以及其他学科专业的通识选修课程。通过学习本课程，使学生掌握一套太极拳运动套路，获得养生知识和自我锻炼的能力，养成武德规范，形成健康的养生观。

二、课程思政育人目标

本课程以太极拳知识模块，腹式呼吸、太极拳基本动作、太极拳套路等技能模块，培养学生掌握太极养生的基本知识和技能，了解中国传统体育项目的健身与养生观，塑造当代学生优秀的精神品质。

三、课程思政教学与对应知识点设计

《太极养生》课程思政教学主要以“综合育人”为主线，辅以“学理知识”“运动技能”两个维度，实现知识点、技能点和思政点的有机融合（表 14）。

表 14 《太极养生》课程思政教学与对应知识点教学设计

单元模块	知识、技能、能力培养要点				课程思政
	序号	描述		要求	
学理知识	1	太极拳概述	1. 太极拳的定义 2. 太极拳的流派 3. 太极拳的价值 4. 太极拳的技法特点	LⅡ	通过讲解太极拳的历史源流、文化内涵及养生价值，让学生了解中国古人的伟大智慧和太极拳中蕴含的哲学思想，激发学生努力学习太极养生技术和中国文化，拥有健康体魄与文化自信
	2	呼吸	1. 吐纳术 2. 呼吸的定义 3. 腹式呼吸的作用 4. 呼吸在养生中的地位	LⅢ	讲解古人对呼吸的分类以及日常容易忽视的养生价值，引导学生养成问题意识，培育学生“细微处见知著”的深度思考能力
运动技能	1	太极拳基本技术	1. 腹式呼吸 1.1 顺腹式呼吸 1.2 逆腹式呼吸 1.3 拳式呼吸 1.4 呼吸的强度 2. 太极拳基本动作 2.1 基本手型手法 2.2 基本步型步法 2.3 呼吸与动作的关系	SⅡ	通过细致体验合理呼吸方法对人体运动过程的影响和太极拳动作规范的意义，塑造学生“知方圆、守规矩”的思想品德
	2	太极拳套路（选一）	1. 杨式小架太极拳 2. 武式竞赛太极拳 3. 陈式竞赛太极拳 4. 杨式竞赛太极拳 5. 吴式竞赛太极拳 6. 孙式竞赛太极拳	SⅡ	通过学习，在太极拳教学过程中向学生传递严谨认真、精益求精的工匠精神，在教学实践中培养团结友好、集体友爱的互助精神

注：“知识、技能、能力培养要求”栏中，对于理论知识，“知道”标“LⅠ”，“理解”标“LⅡ”，“掌握”标“LⅢ”，“应用”标“LⅣ”；对于实践/实验技能，“一般掌握”标“SⅠ”，“熟练掌握”标“SⅡ”，“会设计或会教学训练”标“SⅢ”。

四、课程思政教学设计思考

（一）总体课程思政教学设计思路

《太极养生》是以实践性为主的课程，其课程目标是通过太极拳的学习，培养学生正确认识太极养生，熟练掌握一套太极拳套路的练习方法。在课程中，通过对太极拳知识、技法的讲解，传承中国古人的伟大智慧和太极拳中蕴含的哲学思想，激励学生努力学习太极养生技术和中国文化，塑造健康体魄与文化自信。

（二）育人要素

1. 太极与爱国

太极拳所蕴含的传统文化内涵，是中国人民智慧和力量的完美结合，是中华民族宝贵的文化财富。在太极拳教学中，使学生感受太极文化的魅力，因学习中国博大精深的传统文化而自豪，进一步增强对国家和民族的热爱。

2. 养生与坚守

中华民族在历史长河中探索创造了吐纳术、五禽戏、太极拳等传统养生方法与理念，并历久弥新。老子认为，“重为轻根，静为燥君”，万物的根源都是“虚”“静”状态，故有“致虚极，守静笃”之说。呼吸方式的重新认识和习惯养成，是太极拳养生课程中需要细致传授和认真学习的重要过程，也是人体修养生机、调节自我的重要过程。在追求“清静无为”的过程中，我们体会专注，培养守恒的耐心，同时追求真理，“润物细无声”。呼吸是养生课程的重中之重，也是我们体察动静之分的最细微之处。太极拳讲究“静中触动动犹静”，唯有坚守、持之以恒，才能感悟到动静之分。通过太极拳教学，使学生认识到坚守的重要意义，并引导他们勤而行之。

3. 技巧与工匠

“依天工而开物，观物象而抒臆，法自然以为师，毕纤毫而传神”，国家建设需要大国工匠，不同的职业同样都需要工匠精神。太极拳是一项崇尚技巧的拳术运动，“四两拨千斤”就是太极拳的代名词。运动过程中对“松”的追求，是太极人一生的追求，在太极拳教学过程中，对技术细节精益求精、踏踏实实、一丝不苟地追求，可以让学生领悟工匠精神的精髓，进而在未来的工作和学习中养成认真严谨、精益求精的态度。

（三）课程思政实施方式

1. 课堂教学形式

（1）武术礼仪：武术礼仪是习武者共同遵守的最基本的道德行为规范，抱拳礼更是每次上、下课，以及技术考试时必须遵守的行为规范，通过学习抱拳礼，以期让学生形成对武术礼仪的敬畏，并逐渐由习惯演变形成武德修养的自我约束，完成由形式到内心的认知转换。

（2）融思政于技术：根据总体的课程思政设计，在每节课的具体教学中，将对应思政内容通过技术传递给学生。如讲到腹式呼吸，就可以回顾传统的吐纳术、古人的养生观，从而激发我们对先人智慧的感恩和作为后人的自豪感。通识课程的学生，在专业学习和运动能力方面存在较大差异。针对学生的具体情况，进行敬业理念和工匠精神的激励。太极拳技术本身就是要不断努力练习，达到对肢体动作精细的掌握，对技术精益求精的过程即是我们不断提升学生正确认识的过程。如同太极拳技术需要时时刻刻意守自己的命门一样，我们在教学实践中，也要时时刻刻守住思政教育的命门，根据课堂的教学氛围、情况，适时给予学生思政“养料”。

2. 课外、在线教学形式

（1）课前和课后：充分利用课前和课后的时间，与学生交流，答疑解惑。在课堂之外提升教学效果。同学们能敞开心扉交流，我们的教育效果自然就水到渠成。

（2）线上教学：中国高校的在线教学极大地丰富了我们的教学场景。利用课程在线这块教育阵地，及时传递思政教育内容，加强太极拳技术的教学，在线与学生互动，辅助现场教学。一些课程中的问题，也可以在线上提出，供学生们研习和讨论，加强学习效果。

3．**实施注意事项**

（1）全面掌握学生情况：在全面了解学生个体情况的基础上因材施教。班级中学生专业、运动能力、各自的特长等内容都是我们日常教学中需要注意的一些方面。

（2）根据教学内容充分备课思政内容：课程思政教学不能无的放矢，需要与教学内容有机结合。这就需要针对教学内容进行思政材料的挖掘和整理，梳理与知识点相契合的思政内容。

（3）根据实际情况进行课程施教：将课程思政落实到实际的教学情景中。教书育人是总纲，而太极养生课程教学则是在总纲下进行润物无声式的德育。我们要根据课程教学氛围和学习内容适时提出思政思想，使学生在学习课程的过程中吸收思政的养料，成为“又红又专”的人才。

（4）太极养生通识课程思政教育是在每个学生的专业思政课程之外的课程思政，虽然不是主课，但参与的同学来自不同专业，因此课程思政的责任重大。需要我们认真对待，不能教条地进行思政教育，应与课程内容有机结合，深化思政教学内容。进行思政教育时要减少空洞的说教，应结合故事、情景，根据教学中实际情况，进行深入浅出、日积月累的熏陶。让学生在学习课程内容的同时接受人生观的熏陶，完成大学本科学习带来的蜕变，成为德才兼备的人才。

第十节　《少林拳》课程思政教学设计

一、课程基本概况

课程名称：少林拳。

教学对象：各专业本科生。

使用教材：《少林拳》（国家体育总局武术研究院编，高等教育出版社）。

学分学时：2 学分，32 学时。

课程类别：通识课。

课程简介：《少林拳》是面向全院各专业本科生的武术类通识选修课程。课程以 24 式少林小洪拳为主要授课内容，旨在通过学习使学生了解武术基础理论知识以及少林拳技法特色，掌握所授完整套路与单势动作的攻防用途，以“技术—理法—哲思”为主线索来培养学生正确的武术观与鲜明的民族认同感，以及“武以德立、以德为先”的武术学习理念。

二、课程思政育人目标

本课程以少林拳的历史沿革、技理技法等为理论知识模块，以 24 式少林小洪拳套路为技能模块，以套路单势动作攻防运用与完整套路演练为能力模块，以小组形式与整班形式相结合开展教学，培养学生流畅演练 24 式少林小洪拳完整套路，基本掌握24 式少林小洪拳中“进步双枪”“摆头扳手”“上步推掌”“云顶七星”等攻防动作运用方法；在小组形式的攻防教学中着重培育学生“悬而不击、点到为止、礼始礼终”的武德要求；在整班形式的套路演练中强调养成学生“持敬重德”的武德素养；最终贯彻落实高校“以德育人、立德树人”的根本教育理念。

三、课程思政教学与对应知识点设计

《少林拳》课程思政教学以“德艺同育”为主线，以“少林拳术理论”“24 式少林小洪拳”“单势动作攻防运用”为教学主体内容，将武术德育的理论学习与技术实践贯穿于教学之中，以实现思政的显性表达与武术教育的共同推进，达到知识点、技能点、能力点和思政点的高度融合（表 15）。

表 15　《少林拳》课程思政教学与对应知识点教学设计

单元模块	知识、技能、能力培养要点				课程思政融入点
	序号	描述		要求	
少林拳理论	1	少林拳历史沿革	1. 少林拳起源 少林拳起源争论不定。流传较广的说法为“达摩创十八罗汉手”，为少林拳的雏形。但此种说法缺乏史实根据，多受学界质疑 学者马爱民考证，少林寺于北魏太和十九年（495 年）建寺至史料有载邺人稠禅师入寺（512 年）前，并未有少林寺习武记载；是“横踏壁行、引重千钧、拳捷骁武”的邺人稠禅师（少林寺二祖）身带武艺入寺之后，少林寺才逐渐兴起习武之风。且稠禅师出走少林寺后，有关少林寺的武事活动史料也出现了一段时间的空白。基于此等史实，提出“少林武术始于邺下，来自民间，发展在少林”的较为科学的观点	L I	整体把握与了解少林拳术的起源、演变与发展的各个阶段，改观学生对民族传统体育项目的刻板印象，增强学生对优秀民族传统文化的认同感；从少林武僧勇赴国难的实例中引导培育学生自强、爱国的正确核心价值观与道德理念

（续表）

单元模块	知识、技能、能力培养要点				课程思政融入点
	序号	描述		要求	
少林拳理论	1	少林拳历史沿革	2. 少林拳发展 少林拳发展以中原民间武术为渊源。据载，自北魏时少林已有武功著称者（邺人稠禅师）；至隋末“十三武僧救唐王”少林武功扬名四海；五代时少林高僧福居著《少林拳谱》；明嘉靖年间，少林武僧勇赴国难抗击倭寇；明末清初，广泛吸收各家各派拳术精华，淬为一炉，形成少林拳系独有技术风格，并借助少林寺佛教祖庭的特殊优势，形成“禅武合一”的理论体系 3. 当代少林拳术 伴随 20 世纪 80 年代《少林寺》电影红遍大江南北，少林武术也因之扬名海内外。目前，少林寺已经成为世界著名旅游胜地，武术是登封当地的主要产业支柱，少林拳是世界范围内知名度最高的中国武术拳种之一	L I	整体把握与了解少林拳术的起源、演变与发展的各个阶段，改观学生对民族传统体育项目的刻板印象，增强学生对优秀民族传统文化的认同感；从少林武僧勇赴国难的实例中引导培育学生自强、爱国的正确核心价值观与道德理念

（续表）

<table>
<tr><th rowspan="2">单元模块</th><th colspan="4">知识、技能、能力培养要点</th><th rowspan="2">课程思政融入点</th></tr>
<tr><th>序号</th><th colspan="2">描述</th><th>要求</th></tr>
<tr><td rowspan="2">少林拳理论</td><td>2</td><td>少林拳基本技理、技法</td><td>1. 基本技理、技法要求
三节、四梢、五行、身法、步法、手足之法、上法进法、顾法打法等拳术十法为行拳的基本技法要求
2. 少林小洪拳技术特点
24式少林小洪拳“外练筋骨皮，内练一口气”，强调内外合一，形神兼备；拳术形姿小巧玲珑，动作朴拙坚韧，节奏严紧，动静分明，技法刚健有力，攻防技击性强</td><td>LⅡ</td><td>宏观讲解少林拳术的基本技理、技法要求，并由24式少林小洪拳实例切入，引领学生正确认识少林拳中“上下相随、内外相合”的和谐思想；引导学生由拳术理法讲解中体会中国优秀传统思想文化，并以此呼应社会主义核心价值观的和谐理念</td></tr>
<tr><td>3</td><td>武德要求与武术礼仪</td><td>1. 少林拳武德要求与武术礼仪
以少林寺十戒约规作为武德的理论表达；此十戒随着时代发展亦有相应变化。武术礼仪则贯穿于少林拳术习练的开始、过程和结束
2. 课程教学中的武德要求与武术礼仪
课程教学中主要包括两两相对抗时的“点到为止”、拳术演练前后的抱拳礼以及拳术演练中的“恭守持敬”</td><td>LⅣ</td><td>武德要求的严格遵循与武术礼仪的身体力行，在展现武术独特的德育价值的同时，旨在培育学生“重德”思想，以德育贯穿少林拳教学始终，充分展现“德艺双馨”的教学理念与落实“立德树人”根本任务</td></tr>
</table>

（续表）

<table>
<tr><th rowspan="2">单元模块</th><th colspan="3">知识、技能、能力培养要点</th><th rowspan="2">课程思政融入点</th></tr>
<tr><th>序号</th><th colspan="2">描述</th><th>要求</th></tr>
<tr><td rowspan="2">24式少林小洪拳</td><td>4</td><td>基本技术动作</td><td>1. 手法
抢手、扳手、拦手、砍手、掠手、云顶、推掌等
2. 拳法
冲拳、劈拳、撩拳、砸拳、勾拳、栽拳等
3. 腿法
蹬踹、点踩、勾提、斫砍、飞脚、旋风等
4. 步型
弓步、马步、虚步、丁步等</td><td>SⅡ</td><td>熟练掌握拳术基本技术动作，为后续的单势攻防运用与整套动作学习夯实基础。在技术学习始终，以武礼为先，学习过程中强调攻击性动作的“德性”练习</td></tr>
<tr><td>5</td><td>单势、组合动作及完整拳术套路</td><td>1. 单势、组合动作
以单势动作为基础，多个单势动作组合连成分段拳术套路
2. 完整拳术套路
分段技术动作的串联形成最终的完整拳术套路</td><td>SⅢ</td><td>由单势、组合、分段、整套的技术教学，熟练掌握完整拳术套路。以整班教学为主要形式，强调组合、分段、整套练习前的礼仪，技术练习中的“持敬”，以及对技术动作中内、外三合的“和谐性”理解</td></tr>
<tr><td>单势动作攻防运用</td><td>6</td><td>精选单势动作攻防运用</td><td>1. 攻防含义讲解
教师精选“摆头扳手”“左右云顶”“上步抢手”“上步推掌”等技术动作做攻防含义的细致讲解</td><td>SⅡ</td><td>理解、运用、熟练套路动作的攻防运用方法，是对套路动作的巩固记忆，同时也是对“武之为武”的显性表达。改观学生对武术“花架子”的负面印象，提升学生对民族传统体育的认同感。在两两对抗前的武礼、对抗中的点到为止、对抗后的武礼与组内同学的心得交流，塑造出武术课文明有礼、德艺共进的教学环境</td></tr>
</table>

（续表）

单元模块	知识、技能、能力培养要点			课程思政融入点
	序号	描述		要求	
单势动作攻防运用	6	精选单势动作攻防运用	2. 两两预设性攻防对抗 两人一组，一人攻击一人防守，动作速度由慢及快、由无力到逐渐用力，练习单势动作正确的发力（防守）技术，以及“两两相当”语境中攻防运用的时空感 3. 组内成员、师生间心得交流 通过对技术动作攻防运用实践的反思与交流，深刻体会少林拳技击特点与技法特色。活跃课堂气氛，调动学生积极性，增加学生参与感，提升学生社会适应能力	SⅡ	理解、运用、熟练套路动作的攻防运用方法，是对套路动作的巩固记忆，同时也是对“武之为武”的显性表达。改观学生对武术“花架子”的负面印象，提升学生对民族传统体育的认同感。在两两对抗前的武礼、对抗中的点到为止、对抗后的武礼与组内同学的心得交流，塑造出武术课文明有礼、德艺共进的教学环境

注：“知识、技能、能力培养要点要求”栏中，对于理论知识，“知道”标“LⅠ”，“理解”标“LⅡ”，“掌握”标“LⅢ”，“应用”标“LⅣ”；对于实践/实验技能，“一般掌握”标“SⅠ”，“熟练掌握”标“SⅡ”，“会设计或会教学训练”标“SⅢ”。

四、课程思政教学设计反思

（一）教学设计整体思路

《少林拳》作为武术技术实践课程，以培养学生对所学拳种套路的规范演练与基本运用为教学目的。武术“拳以德立，无德无拳”的德育要义与国家课程思政、立德树人教育理念亦相契合。因此，本课程以“立德树人”教育理念为育人宗旨，通过少林拳的技术与理论教学培育学生新时代“大德、私德、公德”身体和精神素养。

课程以 24 式少林小洪拳的理论与技术教学内容为育人载体，并由此两方面入手进行思政教学设计。理论教学方面，首先梳理、总结少林拳历史沿革、武德要求等符合时代要求的思政价值要素；其次以少林拳实例为切入点做思政要素的形象化阐释，并由此拓展相关思政要素内涵的广度和深度。技术教学方面，首先是对上述理论教学的实践性技术学习与思政元素的显性表达；其次是经技术教学中“单势对抗”“整套演练”等环节突出武术项目所独有的对抗性德性教育。以“立德树人”为宗旨，思政元素贯穿教学始终，理论性阐释与技术性实践双管齐下，可最大程度地达到知识与技能并重、能力培养与价值引领统一、专业提升与思政教育同向同行的课程育人目标（图10）。

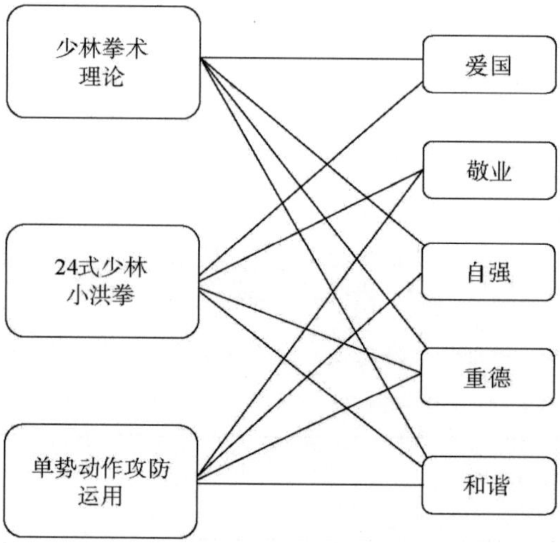

图10 《少林拳》课程思政育人逻辑链

（二）育人要素

1. 历史与武德

通过对少林拳历史、技理技法与传统武德的基本了解，培育学生爱国、和谐、友善、重德的优秀传统文化精神。如少林寺保家卫国、抗击倭寇的实例，对于少林拳课程中学生爱国情怀的培养，是典型的思政素材，同时也是对传统文化的继承与发扬。技理中的内三合（心与意合、意与气合、气与力合）、外三合（手与足合、肩与胯合、肘与膝合）是对传统文化中天人合一、内外一统的“和谐”思想的身体表达。

2. 练技与礼仪

通过对24式少林小洪拳中单势技术动作的攻防运用，在两两对抗中培养学生的自强品格，同时在用武过程中由教师强调、学生遵行的“点到为止、悬而不击”等理念，引导学生养成“武以德立”的重德品格；在分段与全套技术动作演练的始终，对武礼的真切践行，也潜移默化地塑造着学生的文明品格。

（三）教学方法

一是情景教学。使少林拳相关历史、技理与武德等要求不只流于书面理论，增加相关影视作品片段，如《少林寺》《新少林寺》等，在提升学生学习兴趣的同时，将抽象的拳理内容形象化和身体化，既能显著提高教学效率，也能使学生更易于对其思政元素进行吸收内化。

二是分组互导。两两分组对单势拳术动作进行攻防运用，一方面可身体力行体会动作要点与发力点，提高对动作的理解；另一方面从对抗中思考对方的错误点，达到互纠共进的学习效果。分组互导的学生间互助教学，对学生间关系的增进亦将起到重要的推动作用，有利于营造文明和谐的教学环境。

三是口传身授。作为一门技术教育课程，讲解加示范是主要教学方法，就武术而言，则是口传身授。对单势、组合、整套的技术教学，需要教师的细致讲解与正确示范，同时要注意讲解语言的凝练准确与示范动作的速度把握、位置选择等。

第十一节　《南派棍术》课程思政教学设计

一、课程基本概况

课程名称：南派棍术。
教学对象：各专业本科生。
使用教材：《武术高级教程》（张山主编，人民体育出版社）。
学分学时：2学分，32学时。

课程类别：通识课。

课程简介：《南派棍术》是以南棍基本动作、基本步型步法、技术套路等为主要教授内容的实践类课程。通过技术教学使学生掌握南棍的基本棍法和完整的南棍套路，了解南派武术的风格特点、发展现状等相关知识，融合南棍实践教学，达到学以致用的目的。

二、课程思政育人目标

在体育强国背景下，发展民族传统体育项目，提高民族文化自信，实现“立德树人”是本课程思政教育的重要目标。课程以南派棍术套路及基本动作学习为基础，向学生教授南派棍术的风格特色和技击方法，吸引学生学习和训练传统武术，领略传统武术魅力。并以小组形式自主开展教学实践，激发学生对民族传统体育项目的热情；在启发学习兴趣的同时，将技能学习和文化传承相结合，增进学生对民族传统体育项目的理解，增强学生文化自信，提高学生综合素质，实现成为优秀传统文化传承人的育人目标。

三、课程思政教学与对应知识点设计

《南派棍术》课程思政教学主要有三条共同开展的教学线路，一为武德，二为武术文化，三为专项技术，以上三项教学内容在教学过程中与思政教育相融合，并结合自主设计课堂进行教学展示，达到学以致用的目的（表16）。

表16　《南派棍术》课程思政教学与对应知识点教学设计

单元模块	知识、技能、能力培养要点				课程思政融入点
	序号	描述		要求	
武德教育	1	武德文化	1. 武德文化相关内容	LⅢ	理解与武德文化相关的德育内容（如尊师爱友、止戈为武等）；正确理解武术的侠义精神；增强文化自信，促进自身德育修养的形成

（续表）

单元模块	知识、技能、能力培养要点				课程思政融入点
	序号	描述		要求	
武德教育	1	武德文化	2. 武德文化教育发展现状	LⅡ	通过了解武德文化教育发展现状，分析和讨论原因以及展望，立足于社会发展实际，引导学生探讨和反思武德教育发展过程的得与失，以及新时代社会主义教育背景下践行武德教育的意义，激发学生进行武德文化传播的积极性
武术文化教育	2	南派棍术概述	1. 南派棍术的起源 1.1 南派棍术的发展历程 1.2 南派棍术的发展现状	LⅢ	认识和了解南派棍术各流派的发展演进历程。增强学生对民族传统体育项目的认识，通过感受武术项目的推广和国际上的认可，增强学生传承和发展民族传统体育项目的荣誉感和使命感
			2. 南派棍术风格特点	LⅢ	理解和掌握南派棍术的风格特点，认真学习《武术高级教程》中南派棍术的理论知识，成为文武兼备，积极践行、保护和传承传统文化的武术人
	3	武术竞赛规则	1. 竞技武术竞赛规则 2. 传统武术竞赛规则	LⅡ	了解相关武术竞赛规则，根据竞赛知识提升对技术动作规格的掌握程度，并进行动作评判，有助于学生今后参与相关竞赛活动
专项技术教育	4	南派棍术基本棍法	1. 劈棍 2. 戳棍 3. 格棍 4. 滚压棍 5. 云拨棍 6. 斜击棍 7. 绞崩棍	SⅡ	通过学习，熟练掌握南派棍术的基本棍法，在教师的讲解示范过程中了解动作的基本运行路线，理解技击原理。教师注重讲解过程中的语言表达和术语运用，在练习过程中培养学生坚韧不拔、持之以恒的武术精神

（续表）

单元模块	知识、技能、能力培养要点				课程思政融入点
	序号	描述		要求	
专项技术教育	5	南派棍术基本步型、步法	1. 弓步 2. 马步 3. 虚步 4. 盖步 5. 单碟步 6. 骑龙步	SⅢ	了解并掌握步型的发力和受力点，以及对重心的把控。理解动作与专业术语之间的建构体系，讲解步型四平八稳的构建与武德观念的结合，潜移默化地使学生内化武德内容
	6	南派棍术组合动作	第一套国际规定套路南棍	SⅢ	启发学生对武术套路整体结构的感悟；对节奏、气韵、美的表达。培养学生敢于挑战、顽强不屈的意志品质。促进学生了解武术中的美，理解美学展现形式，培养审美意识
	7	多媒体视频录像观摩	1. 观看历年传统武术比赛南派棍术比赛视频 2. 观看历年竞技武术比赛南派棍术比赛视频	LⅡ	通过观察、学习不同发展阶段、不同风格运动员南派棍术的技术特点，加深学生对动作的理解，引导学生积极点评对动作的主观感受，锻炼学生的审美能力、表达能力和主观评价能力

注：“知识、技能、能力培养要点要求”栏中，对于理论知识，“知道”标“LⅠ”，“理解”标“LⅡ”，“掌握”标“LⅢ”，“应用”标“LⅣ”；对于实践/实验技能，“一般掌握”标“SⅠ”，“熟练掌握”标“SⅡ”，“会设计或会教学训练”标“SⅢ”。

四、课程思政教学设计反思

（一）教学设计整体思路

《南派棍术》作为武术运动项目中极具风格特色的组成部分，通过贴合课程思政的教育理念设计相应的教学内容，引导学生树立正确的价值观，并让武术教学更具吸引力。课程以立德树人为基础，以增强学生对于武术项目理论知识和技术技能的基本素养为教学目标，通过师生互动、生生互动和多媒体教学方式，让学生了解武术文化内涵和技击原理，并引导学生进行相关的教学设计，发挥其主观能动性，以达到学以致用的目的。

（二）育人要素

1. 技能学习与德育相融合

在南派棍术的学习中，深刻了解武术的文化内涵和技击原理，身体力行去感受武术的魅力。理解南派棍术技术动作的含义，强调武术一招一式皆反映“心正而后身正”等武德理念，引领学生正确认识武德，培养坚毅品质，提高精神觉悟。思政教育对精神意识上有着积极的影响，能够引起学生的共鸣，将专业知识与育人理念相融合创新教学方法，实现多方面的提升和发展。

2. 理论与实践相结合

通过对南派棍术的理论和技术学习，使学生了解武术的文化内涵和项目特色，体会武术的独特魅力，并自觉树立传承和发展武术的使命感。使学生了解现阶段武术教育的重要性和普遍性的同时，培养学生对南派棍术技术的评判与鉴赏能力，通过多元的教学手段和方法，达到知识与技能传授、能力培养与价值引领相统一的课程育人目标。

3. 责任与义务的承担

通过教学实践，培养学生对武术项目的正确认识，提高学生的技术以及对武术文化内涵的理解能力，同时培育学生工匠精神、团结合作精神以及专业责任感。

（三）教学方法

一是身体力行切身感受。根据课程内容和设计，通过多元化的教学手段，使学生更加直观地了解南派棍术，以运动能力的提高带动理论知识的学习。

二是课堂角色转换。学与教相结合，“授人以鱼，不如授人以渔”，从课堂角色的转换到思维模式的转换，从知识的获取到知识的应用，敢于创新设计自己的教学模式，大胆实践所学成果，来增强自身的责任感和使命感。

三是线上线下融合。灵活运用多媒体教学手段，加强课堂的丰富性和吸引力，引导学生关注国家政策和社会体育发展，培养学生的全局观。通过网络课堂、视频等新媒体方式，丰富教学内容和教学方法，带动学生多种感官感受课堂，提高学生的学习效率。

（四）教学反思

一要提高非本专业学生的训练能力和知识储备，注重学生德育意识和武德素养的提高。二要提高专业教学质量，提升课程品质，积累教学经验。三要注重思政内容与教学内容的切入结合，融会贯通而非各行其道。

第十二节　《中华射艺》课程思政教学设计

一、课程基本概况

课程名称：中华射艺。

教学对象：各专业本科生。

使用教材：《射艺》（徐开才著，广西师范大学出版社）。

学分学时：1 学分，32 学时。

课程类别：通识课。

课程简介：《中华射艺》课程以弘扬推广优秀的中国传统弓箭文化、学习传统射艺技法为教学目标。课程教学内容包括技术教学和理论讲解两大部分，以技术学习为主，兼顾礼仪文化，紧紧围绕观德、明礼、尚武、崇文的思想，敬人、敬物、敬事的理念，不断优化教学内容，完善评价方法，提高教学质量，达成育人目标。

二、课程思政育人目标

本课程以《礼记·射义》《观德亭记》《贯虱心传》《射学正宗》为知识模

块，以文射、武射为技能模块，以竞赛组织和裁判为能力模块，以两人一组的小组形式开展学习与自学实践，培养学生中华射艺基础运动技能，具备中华射艺的竞赛组织与基础评判能力。在教学过程中，课程思政具体育人目标如下。

1. **增强文化自信**

通过射艺课程的学习，帮助学生了解中华射艺文化，理解中华射艺的历史发展和当代价值，树立传承和发展中华射艺文化的责任意识和专业理想。

2. **塑造良好品行**

将中华射艺的礼仪精华融入射艺教学实践中，发挥礼射独特的品德塑造功能和价值，使学生通过习射养成良好的行为习惯和品德修养。

三、课程思政教学与对应知识点设计

《中华射艺》课程思政教学主要采用德、文、武三合一的教学体系，丰富教学内容，提高学生兴趣；通过理论结合实践，实现思想品德、文化内涵和身体锻炼的有机融合（表17）。

表17　《中华射艺》课程思政教学与对应知识点教学设计

单元模块	知识、技能、能力培养要点				课程思政融入点
	序号	描述		要求	
学理知识	1	中华射艺教育概述	1. 中华射艺发展史 1.1 中华射艺发展历程 1.2 中华射艺发展现状 2. 中华射艺礼仪 2.1 中华射艺礼仪内涵 2.2 中华射艺礼仪规范	LⅣ	“射”作为君子“六艺”之一，早在先秦时期便超越功利性，成为外习礼仪、内修仁德的社会教化活动。“射”与艺、礼、仁、德等的融合是当下中华射艺传承的重要内容。通过中华射艺的学习，了解其发展过程与演变，掌握其内涵与规范要求，增强学生对民族传统体育项目的深入理解，厚植爱国情怀

（续表）

单元模块	知识、技能、能力培养要点				课程思政融入点
	序号	描述		要求	
学理知识	2	中华射艺竞赛组织	1. 中华射艺竞赛组织 2. 中华射艺竞赛规则 3. 中华射艺竞赛裁判	LⅢ	掌握中华射艺竞赛的组织、裁判和竞赛规则，了解该项目的竞赛发展现状，能够根据所学竞赛知识组织开展小型的中华射艺赛事，提升学生对射艺比赛的认知，加强规则意识及诚信品德
运动技能	3	中华射艺基本动作	1. 开弓 1.1 开弓手法 1.2 开弓步法 2. 撒放 2.1 前推泰山 2.2 后捋虎尾	SⅡ	通过学习，掌握中华射艺开弓与撒放等基本动作技能，强调射箭时要“内志正、外体直”，这既是考察箭术技艺的需要，更是考验射箭者的内心专注与纯净程度，从而引导学生将外在“礼”的秩序内化为君子之德，以实现修身、齐家、治国、平天下的入世人文情怀
	4	文射	请弓　执弦　持弓　挟矢 勾弦　审固　举弓　引弓 入彀　撒放　藏弓　验靶	SⅡ	文射讲究端庄的举止、优雅的礼仪和从容的心境，要求射者在习射过程中，牢记“射以观德、正心正己”“箭不指人、弦不空放”“容止可观、进退可度”“崇德守礼、习射无言”的道德规范 。通过学习让学生了解文射的要求与规范，借助仪式、仪规，让学生自然而然地形成对射箭过程的尊重，强调对意志力的培养及内心的修炼，引导学生不断对个人德行进行优化与塑造

（续表）

单元模块	知识、技能、能力培养要点				课程思政融入点
	序号	描述		要求	
运动技能	5	武射	立　架　审　摘　正　毃　引　彀　放	SⅡ	"弓开如满月、箭去似流星"，武射不仅可以淋漓尽致地展现射箭技艺的高超，也可以检验射者内心的专注程度。通过学习，让学生掌握武射技能，并在练习过程中强调"箭不指人、弦不空放""有的放矢"等，引导学生认识到每一次开弓、每一次对准靶心、每一次撒放，都是不断调整心态、确立目标、磨砺心志的过程。反复的射艺训练可以培养学生正确认识自身和看待成败的价值观
	6	阵法	一字阵 长蛇阵 燕尾阵	SⅡ	通过学习，熟练掌握射艺阵法的列阵方式、排列内涵、运用情形，以及箭阵发箭方式，培养学生团队协作和沟通交流的能力

注："知识、技能、能力培养要点要求"栏中，对于理论知识，"知道"标"LⅠ"，"理解"标"LⅡ"，"掌握"标"LⅢ"，"应用"标"LⅣ"；对于实践/实验技能，"一般掌握"标"SⅠ"，"熟练掌握"标"SⅡ"，"会设计或会教学训练"标"SⅢ"。

四、课程思政教学设计反思

（一）教学设计整体思路

《中华射艺》是一门实践性很强的课程，其自身就蕴含着丰富的思政内容，射艺文化尚武、崇文、观德、明道，要求围绕政治认同、家国情怀、文化素养等核心，从德智体美劳等多方面教育学生，努力做到育人于教、寓乐于教、寓艺于教，多方面培养学生的品德与能力（图11）。

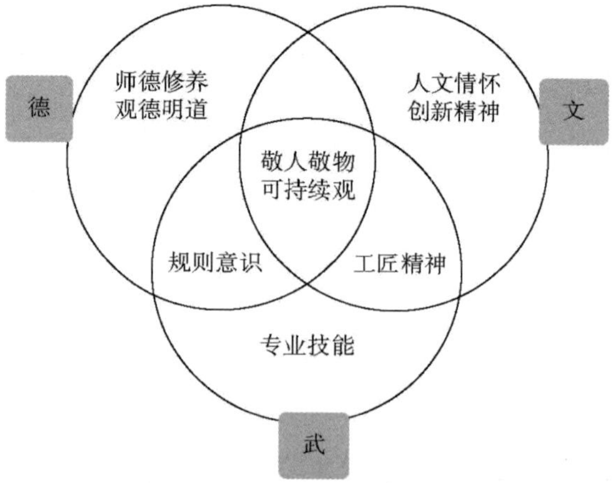

图 11 《中华射艺》课程思政育人逻辑链

（二）育人要素

（1）通过中华射艺技能的习得，让学生了解中华射艺蕴涵的文化内涵及民族精神。如射艺谚语有“射以观德”“发而不中、反求诸已”，中华射艺基本功要求“形端志正”，强调技术动作要“习射无言、静息静心、安详大雅”。从师德修养来看，作为学生的引路人，德艺双馨是不可或缺的品质。所以，射艺姿态的端正既是技术规范的要求，也是修养品德的需要，更是磨练意志的方式。

（2）通过中华射艺相关理论知识的学习，让学生了解中华射艺的历史渊源和发展历程，以及中华射艺教育的内容变迁，培养民族传统文化的认同感和荣誉感、传承与发展中华射艺的使命感和责任感。同时，通过掌握中华射艺教学设计、中华射艺运动技能等级评价标准，以及中华射艺竞赛组织与裁判规则，奠定业务能力基础，培养诚信品质和规则意识。

（三）教学方法

1. 总体实施思路

采用德、文、武三合一的教学体系，丰富教学内容，提高学生兴趣。理论结合实践，每一步的动作细节均有对应口诀。注重技艺与力量锻炼，以提高学生的专项力量与肢体协调能力，有助于射艺动作的学习与提高。

2. 主要举措

课程的教学内容包括射艺导引八式的学习、射艺学习、诵读射艺诗词、护具等手工制作、学生尝试课堂组织等。课堂上老师既要讲，也要让学生动，但不是随意动，而是听口令，令行禁止，统一发射，同时拔箭。射箭时要求习射无言，形端志正，静息静心。弓箭器材摆放整齐，课堂整体井井有序，有利于培养学生的团队精神与敬人敬物的品德。

初期教学时以学生自主探索的方式探究射箭方法；中期将自主创编的射艺导引八式作为课前导引，再进行射与礼相结合的学习，由近到远增加射箭距离，中间再穿插视频资料的学习；终期进行射艺学习效果的考核，以射中靶的环值和礼仪的规范作为评价标准。

3. 创新点及典型经验

本课程实践性教学设计思想是发扬传统弓箭文化观德、明礼、尚武、崇文的优良传统，并从德智体美劳等方面教育学生。努力做到育人于教、寓乐于教、寓艺于教，多方面培养学生品德与能力，受到广大师生的肯定与喜爱。

4. 考核方式

测评射箭中靶环值高低是评判射箭技术水平的重要方式，也是检验学习效果最好的评价方式。由于传统射艺本身独特的存在方式，礼仪规范是考核学生德行非常重要的内容。因此，将射箭的环数和礼仪规范同时作为主要的考核评价内容，注重对学生道艺兼修、德技相长的培养。

在本课程教学过程中，采用两两组队的方式进行团体式测评，提高对学生的监督、促进作用。利用每节课进行小测评，团队内两人成绩为两人共同成绩，进而进行期中考核、期末考核，观测学生学习变化情况。根据学生的平时成绩、期中成绩、期末成绩、礼仪规范、课堂出勤率、预留作业对学生进行最终成绩核算。

（四）教学反思

中华射艺是中华优秀传统文化的重要组成部分，也是中国历史上较具代表性的传统体育项目之一，具有丰富的思政内容与思想内涵。该课程总体实施思路清晰，主要举措合理，创新点突出，并在多年实践的基础上进行了突破与创新，积累了一定的典型经验，具有较高的推广与应用价值。

近年来，中华射艺成为大众喜闻乐见的热门项目之一，并在各大、中、小学风靡。该课程具备完整的课程教学体系，形成了典型的思政教学范例；总体实施思路清晰，主要举措设计合理，对促进学生身体健康、心智成熟、素养提升等具有一定指导价值，适合将其典型经验与教学模式向全社会推广，进一步弘扬中华优秀传统文化。

第十三节　《社会实践》（武术）课程思政教学设计

一、课程基本概况

课程名称：《社会实践（武术）》。

教学对象：武术与民族传统体育专业本科生。

课程类别：综合实践课程。

学分：1 学分。

课程简介：《社会实践（武术）》是武术与民族传统体育、民族传统体育学专业综合实践课程。主要是将社会实践贯穿于培养武术专业学生技能、掌握武术专业相关理论知识、提升教学实践能力的全过程，培养以“传播武术文化，弘扬民族精神”为己任、德智体美劳全面发展、具有文化自信与国际视野的武术继承者、传播者和研究者。

二、课程思政育人目标

本课程以坚持立德树人，培养德智体美劳全面发展的社会主义建设者和接班人为出发点，围绕“培养什么人、怎样培养人、为谁培养人”等根本问题，结合武术专业培养特色，将社会实践与实践育人相结合，发掘实践育人内涵，明确社会实践的育人价值，将全员、全过程、全方位育人与社会实践（武术）紧密结合。学生通过参与社会实践，将武术专业理论知识运用到实践中，并从实践中学习新知识，促使学生在学习能力、思想觉悟和品德素质等方面得到全面发展。不断从实践中培养学生的爱国主义与家国情怀，提升学生对中华优秀传统文化的认同感与荣誉感，提高学生对传承中华武术精神的责任感与使命感，锻炼学生服务社会的热情与热心，真正通过武术项目的实践活动促进学生全面发展。

三、课程思政教学与对应知识点设计

《社会实践（武术）》课程思政教学坚持将“立德树人”贯穿于整个社会实践教育教学过程中，以“社会调查”“志愿服务”“社团活动”“创新创业”“历史人文”为五个维度，实现武术实践育人与“三全育人”体系有机融合（表18）。

表18　《社会实践（武术）》课程思政教学与对应知识点教学设计

单元模块	知识、技能、能力培养要点			课程思政融入点
	序号	描述	要求	
社会调查实践	1	民族传统体育主题社会调查	1. 参加社会调查实践不少于40小时 2. 撰写不少于5篇社会调查实践日志 3. 针对调查内容，完成不少于1篇代表性的社会调查报告	通过民族传统体育主题社会调查，使学生围绕民族传统体育学科发展、体育非物质文化遗产保护、创新民族传统体育项目发展趋势等主题，与被调查对象深入交流，聆听对民族传统体育的认识，感受民族传统体育文化、历史带来的喜悦，真正在调查中增强对习近平总书记治国理政方略的理解、宣传和阐释。通过这样的形式，把“立德树人”任务悄无声息地融入实践活动中，让学生们能够了解现实国情，了解民族传统体育教育实际，在增强文化自信、专业自信的同时，提高社会责任感与使命感

（续表）

<table>
<tr><th rowspan="2">单元模块</th><th colspan="3">知识、技能、能力培养要点</th><th rowspan="2">课程思政融入点</th></tr>
<tr><th>序号</th><th>描述</th><th>要求</th></tr>
<tr><td>社会调查实践</td><td>2</td><td>武术专项
社会调查</td><td>1. 参加社会调查实践不少于40小时
2. 撰写不少于5篇社会调查实践日志
3. 针对调查内容，完成不少于1篇代表性的社会调查报告</td><td>通过开展武术历史、武术教育、武术文化、武术传播、武术训练以及传统武术的健康促进等武术专项调查，强化并巩固武术理论专业知识的学习型实践，同时，也是对了解当前武术在国内外、不同研究领域间可持续发展进行观察和探索的认识型实践，有助于培养学生结合专业发现并解决问题的能力</td></tr>
<tr><td rowspan="2">志愿服务实践</td><td>1</td><td>武术乡村
艺术支教、扶贫</td><td rowspan="2">1. 参加社会志愿服务实践时长不少于40小时
2. 撰写不少于5篇社会志愿服务实践过程心得体会
3. 针对社会服务实践内容，完成不少于1000字的社会志愿服务实践工作总结</td><td>通过与社会公益组织签约成为公益伙伴，每年输送10～20名学生参与其组织的支教团队，前往偏远山村开展乡村艺术支教公益活动，帮助改善、提高当地学生对武术艺术的认知和艺术素养，锻炼学生吃苦耐劳、真抓实干的优良品质</td></tr>
<tr><td>2</td><td>武术艺术
大篷车进校园</td><td>通过开展以“习武·立德·修身”为主题的武术艺术大篷车开进中小学校园活动，使中小学生近距离接触武术项目，感受中华优秀传统文化魅力，促进学生身心健康全面发展。培养学生知行合一的优秀品质，提升自身教学实践能力，增强专业敬畏感、责任感和使命感</td></tr>
</table>

（续表）

单元模块	知识、技能、能力培养要点			课程思政融入点
	序号	描述	要求	
志愿服务实践	3	武术进社区基层单位	1. 参加社会志愿服务实践时长不少于40小时 2. 撰写不少于5篇社会志愿服务实践过程心得体会 3. 针对社会服务实践内容，完成不少于1000字的社会志愿服务实践工作总结	通过联系、签约社区街道、敬老院、农民工子弟学校、留守儿童学校等，定期前往开展武术表演、养生教学等服务实践活动，倡导人间真、善、美和谐统一，达到弘扬中华武术文化的目的。立足于校外，展现大学生团结互助、乐于奉献的精神，营造良好的社会风气与氛围
社团活动实践	1	武益社	1. 每月开展不少于2次线下社团活动 2. 每月完成不少于3次线上社团展示 3. 每学期末完成社团认证考核工作	通过举办一系列社团活动，弘扬公益精神，增强社会实践活动的吸引力与感染力，提高学生的社会责任感与历史使命感，凸显武术专业学生服务社会、传播武术文化的价值
	2	武艺才艺展示大会	1. 每学年上半学年举行，研究生参加 2. 每名研究生至少选择1个项目参赛 3. 每名研究生可自由组合1个集体项目参赛	通过研究生武艺展示大会，能够充分检验研究生的专业技术水平，进一步提高对专业技术重要性的认识，激励研究生不断提升专业技术，培养具有文化自觉、国际视野、社会担当的优秀武术人才，为武术与社会发展做出贡献
	3	中国武术博物馆讲解员	1. 每学期选拔2～3名讲解员 2. 每周承担不少于2次的讲解任务 3. 每月完成不少于1次的主题活动	依托中国武术博物馆平台，选拔优秀学生担任博物馆讲解员，锻炼学生对武术技术传承、武术文化传播与推广、专业能力应用的能力，加强学生思想内涵建设

（续表）

<table>
<tr><th rowspan="2">单元模块</th><th colspan="3">知识、技能、能力培养要点</th><th rowspan="2">课程思政融入点</th></tr>
<tr><th>序号</th><th>描述</th><th>要求</th></tr>
<tr><td rowspan="2">社团活动实践</td><td>4</td><td>“小宗师”武术夏令营</td><td>1. 每期活动选拔 5～6 名同学担任学生助教
2. 每人每期不少于 16 课时
3. 完成 1 次成果汇报演出</td><td>以“小宗师”为平台，举行武术夏令营活动，由在校生担任夏令营助教，进行“以武术礼仪为先导，以套路和散打基本功、罗汉十八手、散打拳法和摔法技术教学为主线，以参观中国武术博物馆和上海精武体育会等文化教育为升华”系统课程的培训，在提高学员武术学习兴趣、武术运动水平的同时，强化武术礼仪教育，传播中国文化精神</td></tr>
<tr><td>5</td><td>武术风豪表演团</td><td>1. 完成日常排练和短期集中排演
2. 每学年完成校内汇报演出 2～3 场
3. 每学年完成校外表演若干
4. 每学年参加艺术类专家指导不少于 5 次</td><td>以“文武并进、德技兼修”为理念，弘扬中华民族的艺术文化传统。定期开展武术技术训练、专项汇报演出，为学生搭建自我展示平台。以艺术与文化、舞台精品与生活艺术相结合，丰富学生校园文化艺术生活，提高学生的审美能力和人文素养，促进美育建设以及校园精神文明建设，营造良好的校园文化氛围，展示武术学子的精神风貌</td></tr>
</table>

（续表）

单元模块	知识、技能、能力培养要点			课程思政融入点
	序号	描述	要求	
创新创业实践	1	武术创新创业类社团活动	1. 每学年作为项目负责人或项目成员至少参与 1 项创新创业实践项目立项或创新创业实践赛事 2. 每学期参加不少于 2 次的创新创业实践专题讲座 3. 大学期间，完成创新创业实践课程应修读的学分要求	学生通过参与创新创业类社团活动，了解与关注国家各行业发展现状、未来趋势、企业技术、创新成果等情况，并结合武术在相关领域的推广与应用，引领武术专业学生进行跨领域、跨专业思考，汇聚创新创业正能量，拓宽武术专业学生的实践维度，打造武术创新创业社团精品实践活动，营造武术创新创业的浓厚氛围
	2	创新创业竞赛		通过项目的培育、指导、参赛，引导武术与民族传统体育专业学生结合行业需要，关注社会热点、行业痛点。学生通过武术类创新创业实践，在了解国情、体察社情、体会民情的基础上，明确社会是创新创业实践活动的土壤，只有扎根在我国基本国情民生的土壤里，才能使创新创业生根发芽，茁壮成长
历史人文实践	1	校园大师剧《蔡龙云》	1. 完成日常排练和短期集中排演 2. 每学年完成校内汇报演出 2 ~ 3 场 3. 每学年完成校外场次若干	培养学生通过参与剧目排练与展演，刻画生动感人的故事，展现我国著名武术技击家、理论家、教育家、中国武术九段蔡龙云先生不同人生阶段的横截面，描绘其一生的追求与风采，展示武术大师蔡龙云武者之风范、学者之本色、师者之仁爱。在注重传播武术文化、培养武术精神的同时，传承蔡龙云先生对“习武先习德”的武德育人理念

（续表）

单元模块	知识、技能、能力培养要点			课程思政融入点
	序号	描述	要求	
历史人文实践	2	中国武术“思政金课”《中华武德》	1. 每学期参加不少于 16 学时的课堂学习 2. 每学期完成不少于 2 次专题研讨与沙龙 3. 每学期撰写不少于 3 篇学习心得及体会	通过对中华武德内涵发展的了解，理解武德在中华武术中融道德教育、文化传授、技术讲解、故事叙述为一体的功用，深入浅出、通俗易懂、生动平实，提炼出中华武德的基本精神与新时代的要求，厚植爱国情怀，以爱国主义为核心，争做“自强不息行天下、厚德载物立人间”的武术人
	3	中国体育非物质文化遗产大讲堂	1. 每学期参加不少于 16 学时的课堂学习 2. 每学期聆听不少于 3 场的专题学术会议讲座 3. 每学期撰写不少于 3 篇的学习心得及体会	作为全国普通高校中华优秀传统文化传承基地（武术），推进中华优秀传统文化全方位融入高校教育的积极探索；依托中国体育非物质文化遗产研究院，深入贯彻习近平总书记关于继承和弘扬中华优秀传统文化的重要讲话精神，聚焦中华民族传统体育史和中国体育非物质文化遗产两大领域。围绕非遗体育、武术文化、武术教育、武术传播、武术历史、传统体育与健康等领域开展系列学术讲座、学术沙龙等活动，培养学生不断拓宽中国体育历史的全球视域，深入挖掘中国传统体育历史的内在深度，丰富中国体育历史的文化内涵

（续表）

单元模块	知识、技能、能力培养要点			课程思政融入点
	序号	描述	要求	
历史人文实践	4	龙云班	1. 思想政治素质良好，有较强的综合素质、学习潜力和实践能力 2. 一年级期间学习成绩排名原则上不低于所在专业的前20%，在学习和实践方面有良好表现 3. 完成不少于1篇高质量学术论文或参与1项重要学术课题 4. 运动技术等级为国家一级及以上 5. 在科创比赛、运动竞赛和社会实践等领域曾获得校级以上表彰	通过全面贯彻落实全国思政会议和全国教育大会会议精神，坚持“立德树人”，秉承“德技兼修、文武并进”的院训，践行“尚武、崇文、厚德、博学”的育人理念，聚焦“能打会练、能讲会写”的龙云精神，凝练办学特色，全面推进我院“人才培养模式创新实验区”建设。选拔优秀学生进入龙云班，鼓励学生兼蓄竞攀，促进学生全面发展

四、课程思政教学设计反思

（一）教学设计整体思路

实践育人是新时代背景下培养社会主义建设者和接班人必不可少的关键环节，社会实践活动是当前高校探索促进课堂教学改革与社会相适应、相结合，并努力达到全方位培养高素质人才的重要实现路径。《社会实践（武术）》作为人才培养方案中的重要一环，通过构建以武术专业为基础，专业特色与社会实践、第二课堂协同育人模式，拓宽思想政治教育的载体与形式，促进学生全面发展，提升武术专业学生的综合素养，成为德技兼修、文武并进、胸怀天下的武术专业人才。因此，本课程在实现中华民族伟大复兴的时代背景下，围绕着“立德树人”根本任务和大学生全面发展的内在要求，结合武术专业的人才培养方案和目标，从新时期高校思政教育体系之坚持全员、全过程、全方位育人出发，以成为全面发展的武术专业人才为育人目标，展开教学设计。

首先，课程以“五位一体”实践内容为育人载体，梳理出对应实践模块的培养要点、能力要求的价值要素；其次，合理设计实践活动思政实施的切入点，拓展与实践活动相关思政要素内涵的广度、深度和温度；最后，通过多元社会实践活动，达到社会实践与人才培养、能力提升、价值引领相统一。

（二）育人要素

1. 志存高远、脚踏实地的理想信念

通过将“爱国”“尚武”“崇德”“自强”等武术文化中所体现出的武术品格融入社会实践活动，在社会实践中注重培养学生践行作为武术文化传播者、推广者的“初心”与“使命”。以爱国为立身之本、成才之基、理想之根，展现学生自身的远大抱负和澎湃激情，胸怀理想、脚踏实地、锤炼品格、艰苦奋斗，从自身点滴做起，迈稳步子、夯实根基、久久为功，依靠勤劳和汗水开辟人生和事业前程，书写无畏青春，塑造新时代武术青年的良好形象。

2. 服务社会、报效祖国的价值观念

通过武术公益支教、“往社区走”志愿服务等相关志愿服务活动，将实践活动育人功能与志愿服务紧密结合。培养学生在志愿服务和基层社会实践过程中，通过传播武术文化，在实践锻炼中增长武术专业知识与技能，不断感悟和认识中华优秀传统文化。在扎根中国大地，了解国情、社情、民情和服务社会发展中成长成才，成为能把人生理想融入国家和民族事业发展中，肩负实现中华民族伟大复兴大任的武术青年。

3. 知行合一、学以致用的实践理念

通过学习武术理论知识，掌握武术运动技能，锻炼学生将学习与思考、观察与思考、实践与思考紧密结合的思想方法，将武术之所学服务于武术之所用，将武术之所学、所用躬身于社会实践中。既要培养学生多读有字之书，也要培养学

生多读“无字之书”，注重调动学生对人生经验和社会知识的学习热情。同时，通过武术专业的学习，掌握真才实学，奠定专业能力基础，促进学生成长成才，全面提升践行专业、服务社会的实践理念。

4. 创新方式、拓展途径的工作概念

将不同形式、不同载体的武术知识与技能运用到社会实际中，拓展学生的眼界与能力，充实学生的社会体验，丰富学生的课外生活。注重实践育人、知行合一，坚持教育同社会发展、生产劳动和社会实践相结合，注重思想引领，把培育和践行爱国主义教育融入各类武术社会实践中，进一步发挥社会实践在加强和改进大学生思想政治教育中的积极作用，让学生在亲身参与中受教育、长才干、作贡献。通过创新社会实践方式，拓展社会实践路径，不断扩大活动覆盖面，增强实践活动凝聚力、吸引力和实效性，为学生参与社会实践创造更多机会和舞台，形成良好的社会效益和影响。

（三）教学方法

1. 校内与校外相结合

校内与校外相结合的实践方式，能够充分、有效地发挥社会实践活动育人功能。通过对校内实践平台资源的合理利用，开展校内相关主题调查、研讨的实践教学活动。在校外实践过程中，学院与企业、学校、政府联动，积极搭建实践活动平台。学生结合主题项目，通过自主完成或合作完成的方式，全过程参与，并结合自身专业知识的实际运用，从活动中主动发现自己的不足与差距，进而积极地弥补与提升自己的能力。校外实践为学生提供更广阔的平台，校内实践让教师更好地掌握学生的能力。校外实践与校内实践相互补充、相互促进，使学生更好地将理论与实践结合，推动大学生知识成果转化能力的现实应用，保障大学生自身素质的全面发展，实现实践育人的共同目标。

2. 第一课堂与第二课堂相结合

第一课堂增加与学生的互动，以学生为主体，引导学习为主要方式，促进学生积极地参与学习。第二课堂培养学生的创新能力，提升创新意识、培育自主意识，使之成为德智体美劳全面发展的合格大学生。第二课堂是第一课堂的延伸，

它与第一课堂相辅相成，利用丰富的资源，开展不同形式的活动。作为第一课堂的补充和延续，第二课堂通过不同形式的内容对不同层次的学生进行培育，为培养创新精神、提高创新意识和自主意识发挥着积极作用。

3．集体组织与自主实践相结合

在实践育人过程中，理应重视集体组织与个人实践相互结合。集体组织的方式能够较好地为社会实践活动的育人方向掌舵，积极协调、整合学校的社会资源支持、保障学生社会实践能够顺利进行。而学生自主实践过程，通过实践增强对社会的了解并使各项能力得到提升，促进学生在实践中检验专业能力，提升专业素养。因此，坚持将集体组织与自主实践相结合的实践育人教学方法，符合新时期对培养全面发展的大学生的时代要求。

4．线上与线下相结合

线上以热点讨论、实践活动设计与编排、互动答疑、实践活动宣传等方式进行指导，线下则主要对实践活动的整体方案与内容进行重点解析、小组讨论。通过线上与线下的有机结合，一方面，培育教师以问题为导向，建立网络与课堂互动机制，提升教师运用新媒体、新技术形成自己的教育教学理念与体系，增强实践活动的互动吸引力。另一方面，锻炼学生线上自主设计实践活动的能力，线下增强实践活动参与的积极性，对实践活动有更深的体验与感受。

（四）教学反思

大学生社会实践是提升思想政治教育实效性的重要途径。通过社会实践落实高校“立德树人”这一根本任务，是学校课堂由内向外的延伸，是贯彻落实习近平总书记关于思政课教学要“坚持理论与实践相统一”的基本要求。社会实践活动实效性直接反映出高校培养人才的质量。基于此，检验和衡量大学生实践活动实效性的问题值得反思。

在传统应试教育的影响下，大学生作为社会实践的主体，常常无法发挥他们的主体性，教师单方面的传授知识，不能有效地调动学生的积极性。大学生社会实践活动如果出现过于依靠以学校组织安排为主、学生自主组织较少的情况，就会出现活动形式化、学生参与度不高、体验感较差等问题，局限了大学生社会实践活动内容的深度和广度，不能有效培养学生的责任意识、创造能力、实践能力、合作能力、学习能力。

坚持校内实践与校外实践相结合、第一课堂与第二课堂相结合、集体组织与自主实践相结合、线上与线下相结合的原则，有利于提升思想政治教育实效性、增强社会实践的有效性。同时，对于增强大学生社会实践的认知、牢固树立正确的大学生实践观有积极的影响。这就要求在丰富社会实践内容的同时，更要将社会实践活动与社团活动、专业实习、社会服务紧密结合。在开发社会实践类课程时，注重丰富不同形式的社会实践载体与平台，多维度打造项目化的学生实践创新团队，建立大学生社会实践活动的考察、奖惩、评比、评估机制。通过层层把关，切实保障学生参与社会实践活动的主体性，提升大学生社会实践活动的实效性。

社会实践是一堂教师的思政课，要加强师德师风建设、培养高素质教师队伍搭建平台，引导教师自觉成为教育扶贫、扶智的先行者。同时，社会实践也是坚持教书与育人相统一、治学与关注社会相统一的过程。在面对教育这项现实课题时，教师在实践过程中以身作则、现身说法，真正地做到言传身教，充分体现新时代教师“信念坚定的大德”“精心育人的职业道德”和“服务社会的公德”。

参考文献

[1] 习近平. 把思想政治工作贯穿教育教学全过程，开创我国高等教育事业发展新局面 [N]. 人民日报，2016－12－09 (1).

[2] 中共中央、国务院印发《关于加强和改进新形势下高校思想政治工作的意见》[EB/OL]. [2019－08－14]. http://www.gov.cn/xinwen/2017－02/27/content_5182502.htm.

[3] 习近平出席全国教育大会并发表重要讲话 [EB/OL]. [2018－09－17]. http://www.gov.cn/xinwen/2018－09/10/content_5320835.htm.

[4] 教育部关于深化本科教育教学改革　全面提高人才培养质量的意见 [EB/OL]. [2019－09－29]. http://www.moe.gov.cn/srcsite/A08/s7056/201910/t20191011_402759.html.

[5] 教育部关于印发《高等学校课程思政建设指导纲要》的通知 [EB/OL]. [2020－05－28]. http://www.moe.gov.cn/srcsite/A08/s7056/202006/t20200603_462437.html.

[6] 中共中央组织部. 贯彻落实习近平新时代中国特色社会主义思想在改革发展稳定中攻坚克难案例——社会建设 [M]. 北京：党建读物出版社，2019：61.

[7] 杨晓慧. 深入理解“教育是国之大计、党之大计”重要论断 [J]. 中国高等教育，2020 (22)：12－14.

[8] 习近平. 在北京大学师生座谈会上的讲话 [J]. 中国高等教育，2018 (9)：4－6.

[9] 陈亮，石定芳. 新时代高等教育现代化的政策逻辑与实践路径 [J]. 高校教育管理，2021，15 (1)：97－106.

[10] 刘国瑞. 中国共产党高等教育思想的发展逻辑与历史贡献——基于党执政以来的理论发展与政策实践的研究 [J]. 中国高教研究，2021 (5)：11－21.

[11] 习近平：决胜全面建成小康社会　夺取新时代中国特色社会主义伟大胜利——在中国共产党第十九次全国代表大会上的报告 [EB/OL]. [2017－

10－27]. http://www.gov.cn/zhuanti/2017－10/27/content_5234876.htm.
[12] 人民论坛“特别策划组”. 深入研读习近平总书记关于教育的重要论述[J]. 人民论坛，2019（6）：6－7.
[13] 韩丽颖. 立德树人：生成逻辑·精神实质·实践进路[J]. 东北师大学报：哲学社会科学版，2016（6）：201－208.
[14] 石定芳，廖婧茜. 新时代高校课程思政建设的本真、阻碍与进路[J]. 现代教育管理，2021（4）：38－44.
[15] 王天民，闫智敏. 思政课程与课程思政协同运行：理据、契机与对策[J]. 教育与教学研究，2020，34（6）：39－47.
[16] 张烁. 用新时代中国特色社会主义思想铸魂育人 贯彻党的教育方针落实立德树人根本任务[N]. 人民日报，2019－03－19（1）.
[17] 薛浩，郑国华. 我国体育类课程思政项群化建设的理论逻辑、价值意涵与路径选择[J]. 武汉体育学院学报，2021，55（4）：20－27.
[18] 李在军，刘美，赵野田. 课程育人：高校体育类专业课程思政特征、难点及应对策略[J]. 沈阳体育学院学报，2021，40（3）：18－24，32.
[19] 卞敏. 中华民族精神研究[M]. 北京：光明日报出版社，2008：59.
[20] 潘诗扬，石路. 课程思政的功能要素及其整合性路径[J]. 中学政治教学参考，2021（20）：39－42.
[21] 杨俊. 马克思主义人的全面发展理论及其对新时代素质教育的启示研究[D]. 重庆：重庆师范大学，2019：18－20.
[22] 海珍. 高校马克思主义中国化理论与实践研究[M]. 北京：中国书籍出版社，2017.
[23] 习近平：把思想政治工作贯穿教育教学全过程 开创我国高等教育事业发展新局面[EB/OL].[2016－12－09]. http://cpc.people.com.cn/n1/2016/1209/c64094－28936173.html.
[24] 北京市习近平新时代中国特色社会主义思想研究中心. 高校思想政治理论课教师的新使命[EB/OL].[2019－04－10]. http://theory.people.com.cn/n1/2019/0410/c40531－31021422.html.
[25] 坚持以本为本 推进四个回归 建设中国特色、世界水平的一流本科教育[EB/OL].[2018－06－21]. http://www.moe.gov.cn/jyb_xwfb/gzdt_gzdt/moe_1485/201806/t20180621_340586.html.
[26] 习近平谈教育发展：教育兴则国家兴，教育强则国家强[EB/OL].[2018－

09－10］. http：//cpc. people. com. cn/n1/2018/0910/c164113－30282062. html.

［27］习近平：坚持中国特色社会主义教育发展道路 培养德智体美劳全面发展的社会主义建设者和接班人［EB/OL］.［2018－09－10］. http：//cpc. people. com. cn/n1/2018/0910/c64094－30284598. html.

［28］办好思想政治理论课关键在教师［EB/OL］.［2019－03－26］. http：//www. moe. gov. cn/jyb_ xwfb/s5148/201903/t20190326_ 375290. html.

［29］程光旭. 坚持党的领导　办好中国特色社会主义高等教育［EB/OL］.［2018－07－30］. http：//theory. people. com. cn/n1/2018/0730/c40531－30177219. html.

［30］白晋湘，万义. 中国特色社会主义新时代民族传统体育学科的建设研究［J］. 体育科学，2018，38（10）：12－18.

［31］孟峰年，李颖侠，温兵. 新时代我国武术与民族传统体育专业建设：使命、困境与路径——“2018 武术与民族传统体育专业学科建设研讨会”的省思［J］. 体育研究与教育，2019，34（3）：61－66.

［32］关于印发教育部高等教育司 2018 年工作要点的通知［EB/OL］.［2018－03－06］. http：//www. moe. gov. cn/s78/A08/tongzhi/201803/t20180327_331335. html.

［33］陈宝生. 在新时代全国高等学校本科教育工作会议上的讲话［J］. 中国高等教育，2018（Z3）：4－10.

［34］周立旻，郑祥民. 地理学类课程思政教学指南［M］. 上海：华东师范大学研制，2020.

［35］教育部高等学校教学指导委员会. 普通高等学校本科专业类教学质量国家标准：上［M］. 北京：高等教育出版社，2018.

［36］习近平. 决胜全面建成小康社会　夺取新时代中国特色社会主义伟大胜利——在中国共产党第十九次全国代表大会上的报告［M］. 北京：人民出版社，2017.

［37］习近平. 习近平谈治国理政：第二卷［M］. 北京：外文出版社，2017.

［38］苏长来，杨建营. “一带一路”背景下中华武术推广倡议及实施途径［J］. 天津体育学院学报，2020，35（1）：111－117.

［39］刘淑慧. “互联网＋课程思政”模式建构的理论研究［J］. 中国高等教育，2017（Z3）：15－17.

［40］教育部关于印发《中小学教材管理办法》《职业院校教材管理办法》和《普通高等学校教材管理办法》的通知［EB/OL］.［2019－12－19］. http：//www. moe. gov. cn/srcsite/A26/moe_ 714/202001/t20200107_ 414578. html.